ROYAL HORTICULTURAL SOCIETY
DK GARTENTIPPS

# BLÜHENDE STRÄUCHER

ROYAL HORTICULTURAL SOCIETY
DK GARTENTIPPS

# BLÜHENDE STRÄUCHER

CHARLES CHESSHIRE

DORLING KINDERSLEY
LONDON • NEW YORK • MÜNCHEN • PARIS

DORLING KINDERSLEY

Reihenbetreuung Pamela Brown
Reihenbildbetreuung Stephen Josland
Bildredaktion Rachael Parfitt

Cheflektorat Louise Abbott
Chefbildlektorat Lee Griffiths

DTP-Design Matthew Greenfield

Bildrecherche Louise Thomas
Herstellung Ruth Charlton, Mandy Innes

Die Deutsche Bibliothek – CIP-Einheitsaufnahme

Ein Titeldatensatz für diese Publikation ist bei
Der Deutschen Bibliothek erhältlich.

Titel der englischen Originalausgabe:
Flowering Shrubs



Übersetzung Susanne Jensen
Lektorat Ulrike Kerstiens
Redaktion und Satz Verlagsservice Monika Rohde, Bonn

ISBN 3-8310-0161-8

Printed and bound by Star Standard Industries, Singapore

Besuchen Sie uns im Internet
**www.dk.com**

# INHALT

# Sträucher im Garten

## Was ist ein Strauch?

STRÄUCHER SIND BUSCHIGE PFLANZEN, deren Zweige mit der Zeit verholzen, die deshalb Winterkälte überdauern können und – einige Jahre oder auch Jahrzehnte – immer wieder aufs Neue blühen. Im Garten sind sie beliebt wegen ihrer langlebigen Schönheit innerhalb einer Pflanzengruppierung. Es gibt viele Sträucher mit wunderschönem Laub, aber für den Garten werden sie am liebsten wegen ihres Blütenreichtums gewählt.

### Warum Sträucher blühen

Sträucher, die blühen, vermehren sich, weil ihre Blüten von Insekten bestäubt werden und so Samen ansetzen können. Meist sitzen männliche und weibliche Blüten an derselben Pflanze und befruchten sich selbst oder gegenseitig, wenn die Insekten von Blüte zu Blüte fliegen. Nur selten sitzen männliche und weibliche Blüten an verschiedenen Pflanzen, wie bei den Skimmien, dann braucht man beide für eine optimale Entfaltung.

### Warum Sträucher?

- Sie sind langlebig und sorgen in Anpflanzungen Jahr um Jahr für Struktur und Charme
- Riesenauswahl an unterschiedlichen Größen, Wuchsformen, Blütenfarben und reizvollem Laubwerk
- Relativ geringer Pflegeaufwand
- Kein besonderer Schutz für junge Pflanzen oder komplizierte Aufzucht aus Samen nötig
- Ziehen Tiere an

*BUDDLEJA DAVIDII* 'FASCINATING'

*FORSYTHIA* 'ARNOLD GIANT'

SCHÖN PFLEGELEICHT *Von den ersten Frühlingsblüten an den kahlen Zweigen der Forsythie (links) bis zum reichen Sommerflor von Schmetterlingsstrauch (ganz links) und Hibiskus (linke Seite) – Ziersträucher bringen zu jeder Jahreszeit Farbe und Schönheit in den Garten. Sind sie erst einmal eingewachsen, versorgen sie sich praktisch selbst. Manche, wie der Hibiskus, müssen nicht einmal geschnitten werden.*

◄ *HIBISCUS SYRIACUS* 'BLUE BIRD' *Ein reizvoller Strauch für volle Sonne, blüht im Spätsommer.*

### Der Bepflanzungsplan

Was wäre ein Garten ohne blühende Sträucher! Sie sind mit der Zeit immer beliebter geworden, hauptsächlich weil sie weniger Pflege benötigen als Stauden, die im Winter absterben, und andere Beetpflanzen, die regelmäßig erneuert werden müssen, und weil sie das Grundgerüst für eine Bepflanzung bilden.. Dies wird zunehmend wichtig in Zeiten, da die Gärten kleiner und das Pflanzen nach Plan üblich geworden ist. Und in der Tat ist die traditionelle Blumenrabatte weitgehend verschwunden zugunsten der gemischten Rabatte, in der Sträucher und Kletterer zusammen mit Sommerblumen und Stauden für Höhe, Struktur und Winterzierde sorgen. Ausschlaggebend bei der Planung einer gemischten Rabatte mag sein, durch das Nebeneinander verschiedener

Zu einem »richtigen« Garten gehören Sträucher

▲ HEITER IM FRÜHLING
*Sträucher (hier eine Forsythie) beleben dauerhaft und ganzjährig eine Hauswand. Viele gedeihen auch gut in Kübeln.*

▼ FORM UND STRUKTUR
Berberis × stenophylla *eignet sich hervorragend für eine Hecke oder, wie hier, als Solitärstrauch.*

◄ IM STADTGARTEN

*Hortensien sind nicht nur gute Kübelpflanzen, sie blühen auch in voller Sonne wie im Schatten, und ihre Blütezeit im Spätsommer ist ungewöhnlich lang.*

▼ BÜHNE FREI

*Saure Böden unter Bäumen und zwischen Gehölzen sind ideal für Rhododendren. Zudem harmonieren sie auf natürliche Weise aufs Schönste mit Schatten liebenden Stauden.*

Pflanzengruppen Kontraste zu schaffen oder durch überlegte Auswahl für eine lange Abfolge von Blüten zu sorgen.

Einige Ziersträucher, wie die Magnolie, stehen am besten allein, weil sie das ganze Jahr über etwas bieten, sogar noch mit ihrem unbelaubten, doch eleganten Astwerk. Andere, wie Forsythien und Spireen, blühen zwar schön, haben aber für den Rest des Jahres eher etwas langweiliges Laub und sollten deshalb mit anderen Sträuchern und Stauden kombiniert werden, die zu unterschiedlichen Zeiten blühen.

Eine große Ansammlung von gleichen Sträuchern kann einen Knalleffekt ergeben, und viele sind gute Bodendecker, wie immergrüne Azaleen, Zwergmispeln, Strauchveronika, Johanniskraut, Schneeball und Skimmien. Solche Pflanzteppiche sieht man oft in großen öffentlichen Grünanlagen, sie eignen sich aber weniger für kleine Gärten, zumal viele Zwergsträucher nur zur Blüte interessant sind.

Zahlreiche Ziersträucher eignen sich gut für eine Hecke, da sie in eine Randbepflanzung Farbe, Licht und Duft bringen. Andere wiederum blühen am besten, wenn sie frei wachsen können.

# GANZJÄHRIGER REIZ

BEI SORGSAMER PLANUNG und Auswahl der Pflanzen nach den Bedingungen im Garten (Klima, Bodenart, Sonne oder Schatten) können das ganze Jahr über Sträucher blühen, wobei sich zu den selteneren Herbst- und Winterblühern die leuchtenden Früchte und Beeren der Sträucher gesellen, die früher im Jahr geblüht haben. Nicht zu vergessen das Laubwerk – seine frischen Farben im Frühling und die intensiven Töne des Herbstes.

## DIE ERSTEN BLÜTEN

Im Spätwinter und Vorfrühling tragen Winterblüte *(Chimonanthus)* und Zaubernuss (*Hamamelis*, mit Haselnüssen) kleine Blüten, und obwohl sie auf blattlosen Zweigen sitzen, wirken sie sehr schön, mehr noch – beide duften so intensiv, dass man sie schon riecht, bevor man sie sieht. Solche Sträucher sollten nicht zu weit vom Haus weg stehen, damit man auch bei schlechtem Wetter etwas von ihnen hat.

Hamamelis und Chimonanthus wachsen sowohl in voller Sonne als auch in einem schattigen Waldgarten. Der Standort unter Bäumen kann dabei helfen, die früh blühenden Sträucher bei eisigem Wetter vor Frost und kaltem Wind zu schützen. Unter sauren Bodenbedingungen wachsen Kamelien, Azaleen und Rhododendren und zeigen ihren großartigen Blütenreichtum vom Vorfrühling bis in den Frühsommer hinein.

Kamelien und Rhododendren sind überdies immergrün, ihre prachtvollen Blüten kommen deshalb sehr schön vor dem kompakten Blattwerk zur Geltung. Sie können ihrerseits mit früh blühenden Heidepflanzen wie *Erica carnea* unterpflanzt werden. *Camellia × willamsii* kann, je nach Wetterlage, mitten im Winter anfangen zu

> Starker Duft ist charakteristisch für viele frühblühenden Sträucher

▲ *CHIMONANTHUS PRAECOX*
*Die kleinen wächsernen Blüten duften intensiv, aber die Winterblüte benötigt einen geschützten Standort.*

▲ *CYTISUS* 'WINDLESHAM RUBY'
*Besenginster ist ein zauberhafter Frühlingsblüher für volle Sonne.*

▲ *SYRINGA VULGARIS*
*Flieder (hier 'Sensation') ist ein beliebter Duftstrauch für den Frühling, der viel Platz braucht.*

◄ FRÜHLINGSFRISCHE
*'The Bride' ist eine der schönsten Prunkspieren (Exochorda). Dieser kompakte Strauch scheint im Frühling wie überschüttet mit Blüten. Er gedeiht in jedem Boden in voller Sonne oder im Halbschatten.*

▼ SOMMERFÜLLE
*Die dunkelpurpurfarbenen Blüten des Buschklees im Spätsommer ergeben zusammen mit* Hydrangea paniculata *(s. S. 42) ein effektvolles Bild. Ein starker Rückschnitt im Spätwinter ist wichtig.*

blühen, bis ins Frühjahr hinein.

In kalkreicheren Böden sind es die kleinen, strauchartigen Prunus-Sorten, die bei Frühlingsbeginn in Weiß oder Pink an kahlen Zweigen blühen, wie *Prunus cerasifera* und *P.* × *cistena*, beides purpurblättrige Formen. *Chaenomeles* – Zierquitten – mit einer Fülle von hellroten, rosa oder weißen Blüten am alten Holz wirken am besten in Einzelstellung, wo sie bis 2,5 m hoch werden, oder an einem Gerüst, flach an einer Mauer hochgezogen. Diese Sträucher wachsen in fast jedem Boden, so auch *Mahonia japonica*, mit hängenden Trauben duftender gelber Blüten über kräftigen, quirlständigen immergrünen Blättern.

Zusammen mit Forsythien und Zierjohannisbeeren (*Ribes*) sehen früh blühende Zwiebelblumen entzückend aus. An Forsythien mögen manche nicht, was andere lieben: die leuchtende Überfülle gelber Blüten ohne Blattgrün.

## DER SOMMER BEGINNT

Der Spätfrühling ist die Blütezeit von Geißklee, Säckelblume, Prunkspiere und den stark duftenden Schneeball-Sorten, alle ohne Ansprüche an den Boden; bei Sommeranfang beginnen Duftsträucher wie Flieder und Falscher Jasmin zu blühen. Auch schön für diese Übergangszeit, z. B. mit darunter wachsenden Sonnenröschen, sind Kolkwitzien, Deutzien, Zistrose, Sommerflieder und die immergrünen Eskallonien.

Wenn die Sommerhitze kommt, können Bodendecker wie Strauchveronika, Johanniskraut und Fingerstrauch die Lücken zwischen größeren Sträuchern füllen. Ein wahrer Segen im Sommergarten sind die anspruchslosen Sträucher für Trockenplätze *(s. S. 70–73)* sowie Hortensien: Die Lacecap-Arten fühlen sich am wohlsten im lichten Schatten, vor allem unter Bäumen, und die Mopheads sind ausgezeichnete Kübelpflanzen. Größer und sehr zuverlässig ist *H. paniculata* mit ihren weißen

▲ SPÄTE BLÜTE
*Die Bartblume* (oben: 'Ferndown') *belohnt nach einem starken Rückschnitt im Frühjahr das Warten: die Zweige wachsen während des Sommers nach und zeigen dann eine wahre Blütenpracht.*

◄ ZWEITE SAISON
*Ziersträucher, die glänzende Beeren oder Früchte tragen wie diese Zwergmispel 'Exburyensis', haben auch nach der Blüte im Herbst noch etwas zu bieten.*

Blütchen-Kegeln. Unerschütterlich in praller Sonne bis in den Spätsommer hinein blühen auch der Schmetterlingsstrauch, *Buddleja davidii* und Roseneibisch *Hibiscus syriacus*.

Für sonnige Lagen ebenfalls ideal sind Blauraute und Bartblume sowie winterharten Fuchsien und Lavendel. In warmen Sommern können die späten Sommerblüher bis in den Herbst hinein erfreuen.

Andere Ziersträucher bekommen dann ihre Herbst-Attraktion: die Zwergmispel ihre wunderschönen Beeren und der Perückenstrauch seine feuerfarbenen Blätter.

## Mit Farbe planen

Es ist nicht schwierig, das ganze Jahr hindurch Sträucher mit der gleichen Farbpalette zu finden oder sie zu variieren, damit sie zu anderen blühenden Pflanzen passen *(s. nächstes Kapitel)*. Weiße, rosa und gelbe Farben überwiegen bei den Frühlingsblühern, während sattere, dunklere Töne mehr der Sommerblüte vorbehalten sind. Sträucher in Weiß *(s. Kasten)* sorgen für einen attraktiven, neutralen Hintergrund.

*MAHONIA × MEDIA* 'CHARITY'

*Manche Mahonien blühen im Herbst, andere im Frühling. Herbstblüher wie 'Charity' blühen manchmal den Winter hindurch, bis andere ihre Frühjahrsblüte zeigen.*

## STRÄUCHER MIT WEISSEN BLÜTEN

### WINTER/FRÜHLING

**Azaleen** Immergrün: *Rhododendron* 'Palestrina' ♀ und 'Rose Greeley' Sommergrün: 'Silver Slipper' ♀

**Kamelien** Schön: *C. japonica* 'Alba Plena' oder 'Mathotiana Alba'. Kleiner, auch als Kubelpflanze: 'Cornish Snow' ♀

***Chaenomeles speciosa* 'Nivalis'** Diese Zierquitte blüht an blattlosen Zweigen.

***Daphne mezereum* f. *alba*** Duftend

***Erica carnea*** Bodendecker für saure Böden. Gut: 'Springwood White' ♀ oder 'Snow Queen'

***Exochorda* x *macrantha* 'The Bride'** ♀ Kann in voller Blüte komplett weiß aussehen.

**Rhododendron Hybriden** Immergrüne für saure Böden, z. B. 'Cunningham's White', ›Dora Amateis‹ ♀, 'Loder's White' ♀ und 'Mrs. P.D. Williams' ♀, alle robust und verläßlich

**Schneeball** Viele Duftsträucher darunter

### SOMMER/HERBST

***Deutzia gracilis*** Wunderschön mit Rosen

***Escallonia* 'Iveyi'** ♀ Halbimmergrün, gedeiht nur in den allerwärmsten Lagen.

***Hydrangea paniculata, H. arborescens, H. quercifolia* ♀, *H. macrophylla* 'Lanarth White' ♀ und 'Madame Emile Mouillière'** ♀ Weiße Hortensien – ein Muss im Sommergarten

***Hebe albicans*** ♀ Winterschutz ratsam; immergrün, für warme Standorte

***Hibiscus syriacus* 'Diana'** ♀ *(s. S. 41)*

***Lavandula angustifolia* 'Nana Alba'** Winterschutz erforderlich

**Flieder (*Syringa*)** Große, duftende Blütenstände in vielen Farben. In Weiß: 'Madame Lemoine' ♀, 'Mont Blanc' und 'Jan van Tol'

**Falscher Jasmin *(Philadelphus)*** Stark duftend

***Weigela* 'Candida'**

# STRÄUCHER MIT ANDEREN PFLANZEN

OBWOHL STRÄUCHER SEHR OFT zusammen mit ihresgleichen – in Strauchgruppen – gepflanzt werden, kann es doch auch interessant sein, sie mit anderen Pflanzen zu kombinieren und abwechselnd Zwiebelpflanzen, Stauden, Einjährige oder Kletterpflanzen dazwischen zu setzen. Umgekehrt können Sträucher in Blumenrabatten für eine längere Blütezeit sorgen.

## UNTER- ODER ZWISCHENPFLANZUNG?

Zwiebelgewächse lassen sich vielleicht am einfachsten unter Sträucher pflanzen, da viele von ihnen sich vermehren, wenn man sie für viele Jahre ungestört wachsen lässt. Viele Zwiebelgewächse blühen im Frühjahr, nutzen so das Licht, das durch die noch unbelaubten Zweige der Sträucher dringt. Und während ihr Laub verwelkt und unansehnlich wird, wird es von den dann knospenden Sträuchern bedeckt. Unter den Stauden gibt es eine Menge, die den Boden unter den Sträuchern ohne viel Pflegeaufwand bedecken können. Man sollte die nehmen, deren Blüten attraktiv und deren Laub lange interessant aussieht. Für die Lücken zwischen Sträuchern eignen sich ausdauernde, pflegeleichte Pflanzen. Aber man sollte sich dabei nicht auf die niedrig wachsenden Arten beschränken: Blütenähren oder -kerzen wie bei Fingerhut oder Königskerze setzen überraschende senkrechte Kontraste, und sie säen sich oft selbst aus.

▲ SANFTE FARBEN
*Lange wunderschön: Diese Buschmalve harmoniert perfekt mit den goldgelben Blättern des Eschenahorns und dem darunter gepflanzten Storchschnabel.*

► EIGENWILLIGE ANLAGE
*Das dunkelrote Laub des Perückenstrauchs steht in starkem Kontrast zum Gelb des Ginsters und den rotglühenden Fackellilien vorn: eine gewagte Kombination.*

◄ UNTERPFLANZUNG
*Im Spätwinter blühen Schneeglöckchen unter den blattlosen, blütenübersäten Zweigen von* Hamamelis × intermedia *'Pallida'.*

▼ SCHATTIGE ANLAGE
*Die rosa Knospen von* Viburnum davidii *brechen in der Mitte zwischen den Wolfsmilchblüten und den panaschierten Stechpalmenblättern hervor.*

ÜBERLEGT ZUSAMMENGESTELLT
Manche Rosen sind hübsche Partner anderer Blütensträucher, sie brauchen aber etwas mehr Pflege. So passen frühe Wildrosen hervorragend zu frühlingsblühenden Sträuchern, und wenn die Zeit der Strauchrosen kommt, erzeugen sie mit Duftsträuchern wie Falscher Jasmin und Flieder eine wunderschöne sommerlich ländliche Atmosphäre. Auch manche Kletterpflanzen dürfen sich als Partner in Sträuchern emporwinden.

## GUTE PARTNER

**Zwiebelgewächse zur Unterpflanzung:** Buschwindröschen und Hainanemonen, Blausterne, Schneestolz, Narzissen (kleine, zum Verwildern), Schneeglöckchen
**Langlebige Unterpflanzung:** Akelei, Astilben, Elfenblumen, Farne, Storchschnabel, Funkien, Knöterich, Wiesenraute
**Pflegeleichte Zwischenpflanzung:** Frauenmantel, Astern, Taglilien, Iris, Katzenminze, Pfingstrosen, Rudbeckien
**Senkrechte Akzente:** Fingerhüte und Lilien für schattige, Ehrenpreis (hohe Sorten) und Königskerzen für sonnige Plätze
**Kletterpflanzen in Sträuchern:** Clematis – großblütige Hybriden oder Waldrebensorten, Staudenwicken, Duftwicken, Kapuzinerkresse

# DER RICHTIGE BODEN

VIELE STRÄUCHER STELLEN ERSTAUNLICH GERINGE ANSPRÜCHE an die Bodenbedingungen, um sich wohl zu fühlen. Andere, darunter sehr attraktive, haben da ganz bestimmte Vorlieben. Und wenn ihre Anforderungen nicht erfüllt werden, sieht man es ihnen an – sie kümmern oder gehen sogar ein. Die wichtigsten Merkmale für die Bodenanalyse sind die Struktur, der Feuchtigkeits- und Nährstoffgehalt sowie der pH-Wert.

## STRUKTUR UND BESCHAFFENHEIT

Die Qualität eines Bodens bewegt sich zwischen zwei Extremen: tonigem Lehm und Sand. Tonigen Boden kann man in der Hand modellieren, wenn er wassergetränkt ist, sandiger Boden ist rieselig, trocken und körnig. Wenn der Gartenboden von beidem etwas hat, ist er ideal für das Gedeihen vieler Sträucher. Tendiert er aber zu einem der Extreme, ist die Auswahl eher eingeschränkt.

Tonige Lehmböden enthalten von Natur aus viele Nährstoffe, sind aber immer feucht und damit nichts für Sträucher, die trockene Bedingungen mögen. Die Wurzeln von Pflanzen brauchen länger, um durch Lehm zu wachsen, aber durch den Zusatz von organischem Dünger kann er krümeliger gemacht werden. Auf Böden, die zu bestimmten Jahreszeiten zu Staunässe neigen, gehen viele Sträucher ein, vor allem die immergrünen. Andere Pflanzen wie Felsenbirne und Scheineller vertragen, ja lieben sogar gelegentliche Überschwemmungen.

> Staunässe lässt manche Sträucher eingehen; andere bevorzugen sie

Sandige Böden lassen sich besser bearbeiten, sind aber wasserdurchlässig und oft

FARBENWECHSEL
*In schweren lehmigen Böden färben sich blaublütige Hortensien rosa. In leichten Lehmböden kann die blaue Farbe durch zusätzliche Gaben von Aluminiumsulphat und spezieller Düngung verstärkt werden.*

▲ *PIERIS* ›FOREST FLAME‹

*Lavendelheide gehört zur selben Familie wie die Rhododendren, also zu den Heidekrautgewächsen mit ihrer Vorliebe für saure Böden. Sie hat auffallend rote Jungtriebe und lange weiße Blütenrispen im Frühling.*

◄ *PHILADELPHUS* ›BELLE ETOILE‹

*Falscher Jasmin (auch Pfeifenstrauch), der einen der stärksten Düfte überhaupt verströmt, wächst auf fast jedem gut durchlässigen Boden, ob sauer oder alkalisch.*

nährstoffarm und benötigen deshalb gut verrotteten Mist.

### Sauer oder alkalisch?

Der pH-Wert eines Bodens lässt sich leicht mit Teströhrchen, erhältlich in Gartencentern, bestimmen. Pflanzen mit einer Vorliebe für saure Böden werden auch »zu den Heidekrautgewächsen zählend« genannt – wie Rhododondren, Azaleen, Erika, Kamelien, Lorbeerrosen und Glockenheide. Bei einem zu hohen pH-Wert färben sich ihre Blätter gelb, und sie können eingehen. Da es nicht so einfach ist, einen alkalischen Boden sauer zu machen, sollte man bei kalkhaltigen oder lehmigen Böden auf diese Pflanzen verzichten. In nur leicht sauren Böden wiederum wachsen viele Pflanzen mit einer Vorliebe für kalkhaltige Böden.

## KALKHALTIGE BÖDEN

Kalkhaltige und tonige Böden werfen nicht annähernd so viele Probleme auf wie saure Böden (*Pflanzen dafür s. S. 56–59*). Diese Sträucher sind dafür dankbar – viele gedeihen sogar in neutralen bis leicht sauren Böden:

**Berberitze**
**Sommerflieder**
**Zistrose** (bedingt winterhart)
**Zwergmispel**
**Hortensie** (aber nur ***H. villosa***)
**Deutzie**
**Eskallonien**
**Forsythie**
**Kolkwitzie**
**Flieder**
**Duftblüte**
**Pfingstrose *(Paeonia delavayi, P. suffroticosa)***
**Falscher Jasmin**
**Fingerstrauch**
**Prunus-Arten** (Zierkirschen, -mandeln, -pfirsich, -pflaumen)
**Heiligenkraut** (Winterschutz!)
**Schneeball**
**Weigelie**

# SONNE UND SCHATTEN

EIN WICHTIGER PUNKT, der vor dem Pflanzen geklärt werden muss, ist, wie viel an Sonne oder Schatten ein Strauch bevorzugt. In Nordeuropa, wo die Sommer relativ kühl und die Sonneneinwirkung nicht sehr intensiv ist, fühlen sich viele Schatten liebende Pflanzen in voller Sonne wohl. Umgekehrt stehen in Gegenden, wo die Sommersonne unerbittlich heiß ist, sonnenliebende Pflanzen am liebsten an etwas schattigen Plätzen.

## DER GEEIGNETE STANDORT

Wie schattig ein Pflanzort ist, ist eines der Kriterien bei der Auswahl von Sträuchern. Tiefer Schatten *(s. rechte Seite)* schränkt die Wahl am meisten ein, aber lichten oder Teilschatten vertragen nur die ausgesprochenen Sonnenanbeter unter den Pflanzen nicht. Auch wenn viele Sträucher im Schatten wachsen, kann dadurch doch die Blühwilligkeit eingeschränkt werden. Kamelien und Rhododendren zum Beispiel entwickeln sich gut im Streuschatten einer tief wurzelnden Eiche oder eines Walnussbaumes, und deren abgeworfene Blätter reichern den Boden an,

> Trockener Boden schränkt die Auswahl ein

was ihr Gedeihen fördert. Flach wurzelnde Bäume und Koniferen hingegen beschatten nicht nur den Boden darunter, sie entziehen ihm auch Feuchtigkeit und Nährstoffe. Sollen dort dennoch Sträucher gepflanzt werden, müssen sie viel gegossen und mit Kompost gemulcht werden.

Auch das Pflanzen von Sträuchern in voller Sonne kann ganz unterschiedliche Auswirkungen haben. Gebäude, die in voller Sonne stehen, können Licht und Hitze reflektieren, vor allem, wenn sie weiß sind. So können in ihrer Nähe Pflanzen mit empfindlichem Laubwerk in heißerem Klima regelrecht verbrennen. Pflanzen auf einer nach Süden ausgerichteten Böschung erhalten nicht nur eine Menge Licht, sie müssen auch mit viel größerer Hitze und Trockenheit im Wurzelbereich zurechtkommen. Mit solch krassen Bedingungen kommen Pflanzen wie Besenginster, Silbereiche *(Grevillea)*, Zistrose und Rosmarin, deren Heimat Australien, Südafrika oder das Mittelmeergebiet sind, gut klar. In Trockenperioden müssen diese Pflanzen aber gewässert werden, bis sie angewachsen sind.

YUCCA RECURVIFOLIA
*Yucca eignet sich nicht nur für volle Sonne, sie kommt auch mit großer Trockenheit zurecht, wo sie überdies noch besser blüht. Yuccas sorgen für aufregende Akzente im Beet.*

## DER LAUB-FAKTOR

Sträucher mit goldfarbenem Laub, wie *Philadelphus coronarius* 'Aureus' und die Holundersorte *Sambucus racemosa* 'Sutherland Gold', verbrennen bei großer Hitze. Im Schatten hingegen lässt ihre Farbintensität nach. Bei den richtigen Lichtverhältnissen aber kommt die ganze Schönheit der Blüte und des kontrastreichen Laubwerks zur Geltung.

## FÜR SCHATTENPLÄTZE

Kamelie *(Camellia japonica, C. x williamsii)*
Lorbeerseidelbast *(Daphne laureola)*
Ölweide *(Elaeagnus x ebbingei)*
Zimmeraralie *(Fatsia japonica)*
Johanniskraut *(Hypericum calycinum)*
Mahonie *(Mahonia aquifolium)*
*Nandina domestica*
Duftblüte *(Osmanthus heterophyllus)* nur *O. x osmarea* winterhart, sonst: Kalthauspflanze
Immergrün *(Vinca minor)*
Rhododendron
Fleisch- oder Scheinbeere *(Sarcococca)*
Skimmie

▲ *RHODODENDRON ›PEKOE‹*
*An dunklen Plätzen blühen Azaleen nicht so gut, aber lichter Schatten von Bäumen wie hier ist ideal für sie, und auch ihre Blüte dauert dort länger.*

▼ *FATSIA JAPONICA*
*Da sie nicht winterhart sind, werden sie gern im Kübel gezogen. Zimmeraralien bestechen vor allem durch ihre dekorativen Blätter.*

# STRÄUCHER AN WÄNDEN

OBWOHL MAN KLETTERPFLANZEN eher in Verbindung mit Hauswänden und Gartenmauern bringt, können auch Sträucher dort sehr dekorativ sein. Mauern sind ideale Standorte für bestimmte Arten – weil sie vielleicht nicht winterhart sind oder weil sie eine Stütze brauchen. Überdies können sie selbst Kletterern wie einer Clematis als Rankhilfe dienen.

## GEEIGNETE STRÄUCHER

Sträucher können senkrechte Flächen betonen oder verdecken. Man kann sie einfach an der Gartengrenze entlang oder an Gebäuden wachsen lassen, um so die Geradlinigkeit aufzulockern, oder sie, locker oder streng, an einer Mauer und an Zäunen hochziehen. Nicht alle Sträucher eignen sich gleich gut zum Festbinden. Die mit hängendem oder mit kompaktem Wuchs sehen hübscher aus und gewinnen mehr an Höhe, wenn ihre Hauptäste locker an eine Stütze gebunden werden. Und nur bestimmte Arten vertragen das Ziehen und Schneiden, beides notwendig für eine strenge Spalier- oder Fächerform, ohne dass ihre Blühwilligkeit darunter leidet. (Eine Auswahl geeigneter Sträucher finden Sie auf *Seite 60–63*). Man muss auch sicherstellen, dass Wand oder Zaun sowohl das Gewicht

*CALLISTEMON RIGIDUS*
*Der in Australien beheimatete Schönfaden liebt heiße und trockene Bedingungen – ideal also für eine Mauer, entweder frei stehend oder locker angebunden. Das Myrtengewächs wird aber in kalten Lagen auch an einer warmen Wand nicht anwachsen.*

AN DER MAUER GEZOGEN: *PYRACANTHA*
*Feuerdorn (hier 'Watereri') kann bis zu 30 cm Abstand zur Mauer befestigt werden.*
*Er eignet sich gut für kalte Bereiche. Den in Doldenrispen stehenden kleinen weißen Blüten folgen, je nach Sorte, Büschel von roten, orangefarbenen oder gelben Beeren. Feuerdorn kann fest genug angebunden werden, um Fenster oder Türen dekorativ einzurahmen.*

des Strauchs als auch des Stützgerüstes, z. B. ein Lattenspalier oder Spanndrähte, tragen können.

### Dem Klima die Stirn bieten

In kühlen Lagen kann eine Mauer oder ein Zaun für ein erstaunlich mildes Mikroklima sorgen und so auch die Anpflanzung empfindlicherer Sträucher ermöglichen. Eine Abdeckung der Pflanze mit Gartenvlies

> Nicht jede Wand bietet Schutz – manche sind kalt und windig

oder einer Mulchschicht aus trockenem Stroh kann helfen, sie in Grenzlagen oder bei ungewöhnlich kaltem Wetter über den Winter zu bringen. Mauern können nicht nur vor kalten Winden schützen, sie speichern oder reflektieren auch Hitze, was manche Sträucher üppiger blühen lässt. Dennoch bedeuten nicht alle senkrechten Flächen gleich Wärme, das hängt noch von zusätzlichen Aspekten ab, z. B. von der Dauer oder Tageszeit der Sonneneinwirkung. Außerdem kann es an Mauern, vor allem bei den nach Norden oder Süden ausgerichteten, zu Seitenwinden kommen, die an den Pflanzen zerren. Trotzdem sind »kalte« Mauern nicht von vornherein problematisch. Widerstandsfähige Sträucher wie Feuerdorn, Zierquitte und Zwergmispel fühlen sich hier wohl.

## PFLANZABSTAND

Es ist wichtig zu entscheiden, ob ein Strauch frei stehend im Schutz einer Mauer wachsen oder angebunden werden soll, denn davon hängt die Pflanzstelle ab. Sogar die von Anfang an erzogenen Sträucher *(s. S. 36)* brauchen einen gewissen Abstand von der Wand, vor allem die, die breitkronig werden, aber nicht zuviel geschnitten werden möchten, wie die immergrüne Säckelblume. Dadurch wird auch der Effekt des ›Regenschattens‹ am Fuße der Mauer gemildert, wo der Boden sehr trocken werden kann, besonders unter überhängenden Dachtraufen und Regenrinnen.
Regenschatten kann nützlich an feuchten Stellen sein, wenn dort Trockenheit liebende Sträucher wie Schönfaden wachsen sollen. Ansonsten sollte man die Fähigkeit des Bodens, Feuchtigkeit zu speichern, verbessern.

# Duftende Blüten und Blätter

Die schönste Eigenschaft einer Pflanze neben ihrer Farbe ist ihr Duft. Und tatsächlich gibt es viele Sträucher mit unscheinbaren Blüten, die ihres Duftes wegen zu Recht in den Garten gehören. Außer seinem offensichtlichen Reiz auf uns wirkt Duft auch anziehend auf befruchtende Insekten, so locken Duftblüten Besucher an, die hübsch und überdies nützlich für den Garten sind. Duft im Garten ist auch von großer Bedeutung für Menschen mit Sehschwäche.

## Sträucher mit Wohlgeruch

Duftsträucher sollte man in die Nähe von Türen, neben die Terrasse oder einen Weg pflanzen, aber auch in abgelegenen Ecken können sie eine Überraschung für die Nase sein. Manche Düfte umgibt etwas Rätselhaftes, schwer Fassbares: So verströmt die immergrüne Schein- oder Fleischbeere *(Sarcococca)*, obwohl winzig klein, ihren Duft über weite Entfernungen.

Duftsträucher sind auch nützlich für die Ansiedlung der Fauna im Garten. Die wenigen Spätwinter- und frühen Frühjahrsblüher wie Mahonien, Zaubernuss und Schneeball haben meist so stark duftende Blüten, dass sie die wenigen Insekten, die schon so früh im Jahr unterwegs sind, anlocken. Im Sommer verströmen Sträucher wahre Duftwolken, als ob sie um die Gunst der Insekten wetteiferten.

Locken Schmetterlinge auf Nektarsuche an: wohlriechende Blüten

Wer sich solche Duftinseln schafft, steigert den Charme eines Sommertages oder -abends: Viele Düfte werden bei warmem, etwas feuchtem Wetter intensiver und halten bis in die Dämmerung an. Ein Lavendelbusch im Beet, in einem Gefäß neben dem Gartenweg oder in Sitzplatznähe, in und um ihn summende Bienen, ist für viele Menschen der Inbegriff des Sommers.

DUFT VERBINDET FLORA UND FAUNA
Buddleja davidii *heißt zu Recht auch Schmetterlingsstrauch. Vor allem das Pfauenauge »fliegt« auf die lila und weißen Blüten.*

◄ *MAHONIA × MEDIA 'UNDERWAY'* *Die glänzenden, nach Honig duftenden Blüten der Mahonien sind ein Erlebnis, wenn der Sommer noch (oder schon) weit entfernt ist – es gibt Sorten, die am Winteranfang oder -ende blühen.*

▼ *DAPHNE × BURKWOODII* *Seidelbast gehört nicht gerade zu den pflegeleichten Sträuchern, aber wenn er sich einmal angesiedelt hat, belohnt er den gärtnerischen Aufwand mit einem betörenden Wohlgeruch.*

## DUFTSTRÄUCHER

### SPÄTWINTER UND FRÜHJAHR

*Chimonanthus praecox* (Winterblüte)
Seidelbast (*Daphne*)
*Hamamelis mollis* (Zaubernuss)
Geißblatt wie *Lonicera fragrantissima*
Duftblüte (*Osmanthus*)
*Prunus mume*
*Rhododendron luteum*
Fleisch- oder Scheinbeere *(Sarcococca)*
*Viburnum × burkwoodii* oder andere Schneeballsorten

### SOMMER UND HERBST

*Abelia × grandiflora*
*Buddleja* (Sommerflieder, Schmetterlingsstrauch)
*Elaeagnus angustifolia* (Ölweide)
Lavendel
Flieder
Orangenblume (*Choisya ternata*)
Falscher Jasmin (*Philadelphus*)
Geißklee *(Cytisus battandieri)*
*Weitere Details: s. S. 52–55*

# EXPONIERTE UND WINDIGE STANDORTE

ES GIBT GÄRTEN ODER GARTENECKEN, in denen die Bedingungen für Pflanzen ungünstig sind, seien es kalte, trockene Winde und Frost oder, in küstennahen Regionen, mildere, aber salzhaltige Winde. So etwas schadet empfindlichen Pflanzen nicht nur, es beeinträchtigt auch ihr Wachstum. Manche Sträucher aber gedeihen trotzdem, weil sie sich diesen stürmischen Klimabedingungen angepasst haben.

## NATÜRLICHE ANPASSUNG

Pflanzen, die so ausgestattet sind, dass sie trockenen Winden trotzen können, haben gemeinhin kleine Blätter. Mit ihrem grauen oder silberfarbenem Laub, oft wie die Zweige bedeckt mit feinen Härchen, sind sie genauso Anzeigepflanzen wie die fleischigen Sukkulenten mit ihren dicken, Wasser speichernden Blättern und Zweigen.

In kalten, aber nicht so windigen Gärten kommen frostharte Sträucher, wie Falscher Jasmin, Perückenstrauch, Schneeball und sogar Rispenhortensie, gut zurecht, die zudem unter- oder dazwischengesetzten Pflanzen Schutz geben. In milden Lagen, in denen schwere Fröste die Ausnahme sind, gedeihen auch Lavendel, Strauchveronika und Sonnenröschen. Aber an kalten, stetigem Wind ausgesetzten Plätzen sollten Sträucher ihren Platz finden, die auch sonst in umwehten Bergregionen wachsen, wie kleinblättrige Zwergmispeln, Berberitzen, Heidekraut und Baumheide (*Erica*), Feuerdorn, Ginster, wie *Genista hispanica* und *Cytisus scoparius,* und viele Rhododendronarten.

## KÜSTENKLIMA

Vielleicht sind die nahe am Meer gelegenen Gärten am problematischsten, weil sie salzhaltigen Winden ausgesetzt sind, die Blätter und Rinde verbrennen und somit Sträucher zerstören können. Am besten kommen damit hoch spezialisierte, ursprünglich im

▲ *ROSMARINUS OFFICINALIS* ›MISS JESSOPP'S UPRIGHT‹
*Mittelmeerpflanzen vertragen trockene Böden und warme Seewinde.*

► *HEBE* ›GREAT ORME‹
*Kleine lederartige Blätter minimieren die Verdunstung von Wasser durch Wind.*

*TAMARIX RAMOSISSIMA* *Diese sommerblühende Tamariske hat kleine, dünne, schuppenartige Blätter, was sie sehr resistent gegen Salzwinde macht. In der freien Natur zerrt der Wind an den kreuz und quer wachsenden Zweigen; das lässt sie unschön aussehen. Einen Rückschnitt verträgt sie jedoch gut, da sie auch damit zurechtkommt, wenn durch Stürme ihre Äste abbrechen.*

Mittelmeerraum beheimatete Sträucher zurecht: Lavendel, Heiligenkraut, Tamariske, Brandkraut (*Phlomis fruticosa*). Doch keine dieser Pflanzen gedeiht an sehr kalten Standorten, dafür eignen sich Schlehen, Hortensien (*H. macrophylla*) und Felsenbirnen. Auch einige Strauchrosen wie Rosa rugosa haben sich dem Küstenklima angepasst und sind gute Partner für andere Ziersträucher.

## Gut für küstennahe Gärten: gegen salzige Seewinde resistente Sträucher

Wind trocknet immer aus, egal ob mild oder kalt. Junge Pflanzen sollten deshalb regelmäßig und reichlich gewässert werden. Und wo Bodenerosion und Trockenheit ein Problem sind, hilft eine Schicht locker verteilte Steine auf dem Beet.

## SCHIRM UND SCHUTZ

Beim Kauf von jungen Sträuchern für windige Standorte sollte man kleine, robuste und buschige Exemplare wählen, die sich gegen das unentwegte Rütteln durch den Wind behaupten können, solange sie anwachsen. Beim Pflanzen alle langen, schwachen Zweige entfernen. Wer gleich einen größeren Strauch pflanzen möchte, sollte ihn in den ersten Jahren an einen Stützpfahl binden, aber nicht zu fest, denn sein Stamm soll Kraft entwickeln, indem er dem Wind ein wenig nachgibt. Man sollte ihn auch zeitweilig abschirmen, aber mit lockerem Material wie Sackleinwand, Plastikstreifen oder Maschendraht zwischen zwei Holzpfosten, wo der Wind eher abgebremst als völlig abgeblockt wird, damit der Strauch nicht überbehütet heranwächst.

Manche Sträucher eignen sich besonders für die Reihenpflanzung, also für eine Hecke oder als Windschutz, und geben so auch anderen Pflanzen in exponierten Lagen Schutz. Dazu zählen Sanddorn, Berberitze, Schlehe, Blutpflaume, Ranunkelstrauch und Silberölweide.

*Weitere Details s. S. 66–69.*

# VOM UMGANG MIT STRÄUCHERN

## WELCHER STRAUCH WOHIN?

VOR DEM KAUF EINES ZIERSTRAUCHS/BLÜHENDEN STRAUCHS sollte man sich den Standort überlegt und geprüft haben, welche Bedingungen dort herrschen. Ist er dem Wind ausgesetzt oder geschützt, liegt er in der Sonne oder im Schatten? Ist der Boden relativ »normal« oder vielleicht sehr trocken oder sauer (*s. S. 16–17*)? All das hat Einfluss auf Wachstum und Blühwilligkeit eines Strauchs.

### GESUNDE PFLANZEN WÄHLEN

In Kübeln gezogene Sträucher kann man praktisch zu jeder Zeit kaufen und pflanzen. Dennoch eignen sich Herbst und Frühjahr dafür am besten, weil mildere Temperaturen Jungpflanzen nicht zu sehr überfordern. Auch Sträucher mit nackten Wurzeln, die mit etwas Erde in Plastik eingeschlagen verkauft werden, können sich zu einwandfreien Pflanzen entwickeln. Man sollte aber prüfen, ob sie nicht ausgetrocknet sind, und sie unverzüglich einpflanzen. Idealerweise kauft man frisch angelieferte Pflanzen.

#### KAUFTIPPS

- Der Strauch sollte ansprechend aussehen und viele neue Triebe mit gesunden, also nicht abgestorbenen oder vertrockneten Spitzen haben.
- Die Wurzeln sollten gut entwickelt und gesund aussehen und nicht unten aus dem Topf herauswachsen.
- Winterharte Sträucher werden am besten im Herbst, empfindlichere wegen eventueller Frostschäden im Frühjahr gepflanzt.
- Möglichst keine schon blühenden Sträucher kaufen. Blüten nehmen der Pflanze die Kraft zum Anwachsen.

GUTES EXEMPLAR *Diese Pflanze hat viele gesunde Blätter und neue Triebe. Das Astwerk ist ausgewogen, und der Topf hat die richtige Größe für den oberirdischen Teil.*

◀ SCHÖN GEWACHSEN *Die attraktive Form des Schneeballs 'Mariesii' erhöht den Blütenreiz.*

# PFLANZUNG UND PFLEGE

NACH DER AUSWAHL DES STRAUCHES und seines Standortes muss der Boden sorgfältig vorbereitet werden. In Containern gezogenen, quasi »verwöhnten« Pflanzen fällt es oftmals sehr schwer, mit ihren Wurzeln einen klumpigen, vor allem schweren Boden zu durchdringen, und sie könnten aufhören zu wachsen. Deshalb sollte man wirklich alles tun, was für ihr Wachstum förderlich ist.

## SO WIRD GEPFLANZT

Zunächst wird der Boden für den Wurzelballen des Strauchs verbessert. Er soll krümelig und feuchtigkeitsspeichernd sein und sich gut, ohne Lufteinschlüsse, zusammenfügen lassen. Zuerst das Pflanzloch ausheben, die Erdklumpen am Grund und an den Seiten müssen zerkleinert werden. Mit dem Aushub beim Auffüllen ebenso verfahren, dabei ein oder zwei Schaufeln organisches Material – gut verrotteten Kompost, Stallmist oder alte Blumenerde unterarbeiten. Eine Hand voll Hornspäne oder Guano erhöht für lange Zeit den Nährstoffgehalt der Erde.

1 **Das Loch** in doppelter Größe des Pflanzgefäßes ausheben, dabei die Erde lockern. Den Aushub mit organischem Material mischen. Pflanze im Gefäß wässern.

2 **Damit der Wurzelballen** nicht auseinanderfällt, eine Hand flach oben auf den Ballen legen und ihn herausgleiten lassen. Mit der anderen Hand unten umfassen.

3 **Die Pflanztiefe** so lange regulieren, bis der Strauch richtig Platz gefunden hat. Dann mit Hilfe einer Latte prüfen, ob er genauso tief im Pflanzloch sitzt wie vorher im Container.

4 **Die Aushubmischung** zerteilen und um die Wurzeln herum zurückschaufeln. Die Erde rund um die Pflanze antreten. Zum Schluss gründlich wässern und mulchen.

# Pflanzen in Gefässen

Ein Strauch in einem Gefäß kann in der Erde wachsen, die sozusagen auf seinen Bedarf maßgeschneidert ist: Azaleen z. B. können ein saures Substrat bekommen und so auch in Gegenden mit kalkreichen Böden wachsen. Ebenso ermöglicht kalkfreie Erde, dass blau blühende Hortensien ihre Farbe behalten. Langfristig gesehen und auch wegen der Stabilität des Gefäßes ist es besser, Pflanzerde auf Lehmbasis und einen Langzeitdünger zu nehmen.

Einen kleinen Strauch nicht in ein großes Gefäß pflanzen, in der Hoffnung, irgendwann wird er den Platz schon ausfüllen! Er wächst stärker, wenn der Topf nur um ein oder zwei Stufen größer ist als das vorherige Gefäß. Alle Kübelpflanzen müssen regelmäßig gegossen werden und brauchen eine guten Wasserabzug.

GENUG PLATZ
*Junge Sträucher stufenweise in größere Töpfe setzen. Scherben unten in den Topf und ihm selbst »Füße« geben – das verhindert Staunässe.*

# Wässern und Mulchen

Alle Sträucher, auch die dürreverträglichen, müssen bei Trockenheit in den ersten zwei oder drei Jahren gegossen werden, und zwar besser ein oder zwei Mal die Woche durchdringend als öfter wenig. Eine 5–10 cm dicke Mulchschicht aus Laubkompost, Rindenschnitzeln oder verrottetem Mist hält die Feuchtigkeit im Boden.

EIN KLEINES BASSIN ANLEGEN
*Nach dem Pflanzen einen Gießrand um den Strauch anhäufeln, dadurch kann das Wasser direkt zu den Wurzeln fließen. Nicht geeignet bei schweren Böden mit Neigung zu Staunässe.*

EIN ROHR ZUM WÄSSERN EINGRABEN
*Ein Rohrstück schräg neben die Pflanze setzen und mit Wasser füllen. So gelangt es garantiert bis ganz nach unten an die Wurzeln. Den Boden auch von oben gut wässern.*

# WANN UND WIE SCHNEIDEN

GESUNDE JUNGE STRÄUCHER müssen normalerweise nicht zurückgeschnitten werden. Nach ein, zwei Vegetationsperioden möchte man aber vielleicht störende Äste entfernen. Je nach Notwendigkeit schneidet man den Strauch nur, um ihn gesund und wohlgeformt zu halten (*Beispiele auf diesen Seiten*) oder man schneidet ihn zusätzlich ein Mal im Jahr zurück, damit er schöner blüht (*s. übernächste Seiten*). Aber nicht alle Sträucher mögen das!

## RICHTIG SCHNEIDEN

Egal, ob ein Strauch geschnitten wird, um Beschädigtes oder Verblühtes zu entfernen oder damit er schön blüht bzw. sein Laub gut zur Geltung kommt – wichtig ist immer ein richtig angesetzter, sauberer Schnitt.

Neue Triebe wachsen aus den Knospen unterhalb der Schnittstelle, deshalb darauf achten, wohin wechselständige Knospen zeigen – ob der Ast also nach oben oder nach außen wächst.

GEGENSTÄNDIGE KNOSPEN
*Den Zweig gerade und glatt über einem Augen-, Blatt- oder Sprosspaar schneiden.*

WECHSELSTÄNDIGE KNOSPEN
*Knapp über einem Auge, Blatt oder Spross schräg schneiden.*

ZWEIGE AUSLICHTEN
*Dicke Äste überfordern eine Gartenschere. Mit einer Astschere geht es viel leichter.*

## GESUNDHEITSKUR

Alle abgestorbenen, beschädigten oder ungesund aussehenden Zweige zurückschneiden, bevor das Problem noch größer wird. Dabei bis auf den Grund, den gesunden Wuchs oder bis knapp über einen gesunden Spross, über ein Blatt oder Auge zurückgehen.

FROSTSCHADEN
*Diese erfrorene Triebspitze erholt sich nicht mehr. Knapp über den ganz gesunden Blättern abschneiden.*

ABGESTORBEN
*Aus dürren Spitzen kommen keine neuen Triebe mehr.*

## FORMSCHNITT

Die meisten Sträucher entwickeln, wenn man sie sich selbst überlässt, ihre eigene Form, die nur wenig bis gar keine Pflege braucht. Im Garten aber können Sträucher zu groß werden oder nur zu einer Seite wachsen, weil sie von anderen umringt oder von Gebäuden beschattet werden. Einige, speziell die Immergrünen, können Wasserschosse entwickeln, die ihre Form unausgewogen machen. Übereifer schadet aber auch hier, also erst dann schneiden, wenn Zweige wirklich stören, unschön aussehen oder durch Wind und Wetter abzubrechen drohen. Ebenso sollte man einen blühenden Strauch niemals radikal zurückschneiden!

◄ ZU LANG
*Abstehende Zweige tief genug zurückschneiden, so wird die Schnittstelle verdeckt.*

▲ ZU AUSLADEND
*Ein starker Rückschnitt fördert neuen Wuchs an Stelle langer, verkahlter Äste.*

## AUSLICHTEN UND VERJÜNGEN

Bei Sträuchern wie Falscher Jasmin, Weigelie, Forsythie, Schneeball oder Flieder wird das Astwerk mit der Zeit zu dicht. Viele dünne Äste im Innern verholzen, und die Blüten erscheinen immer weiter oben. Durch Auslichtung gelangt mehr Luft und Licht in den Strauch, und neue Sprosse werden angeregt, wieder weiter unten zu blühen. Ein wirklich alter, vernachlässigter Strauch wird besser komplett ersetzt, es sei denn, er gehört zu denen, die einen radikalen Rückschnitt vertragen (*s. unten*).

DAS DICKICKT LICHTEN
*Dicke, alte Äste im Innern herausschneiden, das regt jungen Wuchs an.*

DICHTEN WUCHS AUSDÜNNEN
*Längere, dickere Hauptäste bis auf gesunde Seitensprosse einkürzen.*

### RADIKALSCHNITT

Können im Spätwinter drastisch heruntergeschnitten werden:

- Zierquitte
- Scheineller (*Clethra*)
- Deutzie
- Eskallonie
- Forsythie
- Rispenhortensie
- Buschmalve
- Flieder
- Falscher Jasmin
- Blutjohannisbeere
- Spierstrauch
- Gemeiner Schneeball

# Schnitt für eine schöne Blüte

Ein Rückschnitt kann einen Strauch anregen, entweder üppiger zu blühen oder größere Blüten hervorzubringen. Doch nicht jeder braucht oder verträgt das (*s. Kasten rechts*). Damit Sträucher besser blühen, sollte der Rückschnitt nach der Blüte erfolgen: für Frühlingsblüher am besten im Frühsommer, für später blühende Sträucher in kalten Lagen besser erst im Spätwinter.

### SPARSAMER SCHNITT

Müssen nicht oder nur gelegentlich geschnitten werden:
**Roseneibisch**; die **Hortensienarten *Hydrangea villosa, H. aspera; Kolkwitzie;*** die **Schneeballarten *Viburnum carlesii, V. burkwoodii, V. juddii;* Kamelie** (nur ausputzen); **Orangenblume; Magnolie; Duftblüte; Mahonie** (gelegentlicher Formschnitt bei zu langen Zweigen); die meisten **Prunus-Arten; Skimmie; Zistrose** (nimmt Schneiden oft übel); **Zaubernuss**

## Ausputzen für eine längere Blüte

Ausputzen ist das Entfernen verwelkter Blütenstände, bevor sie Samen ansetzen und dem Strauch dadurch die Energie für eine weitere reiche Blüte nehmen. Das Ausputzen bewirkt, dass die Pflanze neu austreiben und so eine erneute Blüte hervorbringen kann – sei es noch im selben oder im nächsten Jahr. Und außerdem wird dadurch die lästige Selbstaussaat, z. B. des Schmetterlingsstrauchs, verhindert.

AUSKNEIFEN
*Rhododendron und Kamelie setzen ihre Knospen sofort nach der Blüte auf sehr kurzen, kaum sichtbaren Stielen an. Damit sie bzw. noch blühende Blütenstände und Blattknospen nicht beschädigt werden, welke Blütenköpfe zwischen Zeigefinger und Daumen fassen und herausdrehen.*

VERBLÜHTES ABSCHNEIDEN
*Verblühte Rispen am Zweig über den nächsten Seitentrieben abschneiden, und der Sommerflieder blüht im Spätsommer noch ein Mal.*

### GEEIGNETE STRÄUCHER FÜRS AUSPUTZEN

Mit der Gartenschere einen glatten Schnitt bis zu den nächsten gesunden Seitentrieben, Blättern, Knospen machen (*s. S. 30*).
**Sommerflieder**
**Bartblume *(Caryopteris)***
**Säckelblume** (nur die sommergrünen Ceanothus-Sorten wie ‘Gloire de Versailles‘ oder ‘Marie Simon‘)
**Orangenblume** Blüht oft zum zweiten Mal, wenn abgeblühte Zweige um 15 cm gekürzt werden
**Scheineller: *Clethra alnifolia***
**Hortensie: *Hydrangea macrophylla, H. paniculata***
**Lavendel** (gesamte Pflanze)
**Buschklee: *Lespedeza thunbergii***
**Flieder**
**Spierstrauch: *Spiraea japonica***

# Schnitt nach der Blüte

Sträucher, die im Frühling oder Frühsommer blühen, entwickeln ihre Knospen an Zweigen, die in der Wärme des vergangenen Sommers herangewachsen sind. Bei einem Winter- oder Frühjahrsschnitt könnten deshalb Knospen tragende Zweige entfernt werden. Alle grünblättrigen Immergrünen bilden so ihre Blüten, aber auch viele Sommergrüne wie, als klassisches Beispiel, Forsythien (*s. rechts und unten*). Solche Sträucher gleich, nachdem sie geblüht haben, schneiden! Der Rückschnitt sollte nicht später als im Frühsommer erfolgen. Andernfalls haben die durch einen späteren Schnitt angeregten, neu entwickelten Triebe nicht genug Zeit zu wachsen und heranzureifen und somit im nächsten Jahr zu blühen.

VERMÄCHTNIS DER LETZTEN SAISON *Forsythien sind ein typisches Beispiel für Pflanzen, die am alten Holz blühen, lange bevor die neuen Sprosse zu wachsen anfangen.*

## SCHNITT NACH DER BLÜTE

Sommergrüne Sträucher, die am alten Holz blühen und wie unten beschrieben geschnitten werden:

**Forsythie** Stark zurückschneiden, auslichten oder eine Mischung aus beidem (*s. unten*)

**Falscher Jasmin**

**Flieder** Schnitt, wenn verwildert

**Deutzie**

**Spierstrauch** Die Frühjahrsblüher-Sorten

**Kolkwitzie**

**Zierquitte** Freistehend

**Pieris** *(Andromeda)*

**Sofort nach der Blüte** fängt bereits das neue Wachstum an. Lange, abgeblühte Triebe bis auf kräftig aussehende Seitensprosse zurückschneiden.

**Wenn ein Strauch** 3 oder 4 Jahre alt ist, jedes Jahr einen bis drei der ältesten Hauptäste knapp über dem Boden abschneiden.

**Alle schwachen,** dürren und sich kreuzenden Zweige herausschneiden. Sie sterben im Innern des Strauches oft wegen Lichtmangels ab.

# Schnitt nach der Blüte am neuen Holz

Bei vielen Sträuchern wachsen die neuen Sprosse aus altem Holz und blühen noch im selben Jahr. Der Rückschnitt kann nach der Blüte erfolgen, aber in kalten Lagen ist es besser, damit zu warten, bis der schlimmste Winter vorüber ist. Manche, besonders kleine graublättrige Sträucher (*s. nächste Seite*) sollte man fast wie Stauden bis nahe der Basis zurückschneiden.

NEUER WUCHS
*Sträucher, die am neuen Wuchs blühen, kann man normalerweise daran erkennen, dass sie ab dem Hochsommer blühen, und zwar an den Spitzen frischer junger Triebe – wie diese* Buddleja × weyeriana.

## BLÜHEN AM NEUEN HOLZ

***Buddleja davidii*** Bis auf 60 bis 100 cm Höhe zurückschneiden (*s. rechte Seite*).

***Ceanothus*** (Säckelblume, sommergrüne Arten) Ein starker Rückschnitt fördert weniger, dafür kräftigere Blütenzweige.

**Johanniskraut** Nach Bedarf stark oder sparsam schneiden.

**»Mophead«-Hortensien** Bis auf die Hälfte zurückschneiden (*s. unten*), dabei die jeweilige Länge der Zweige beachten.

**Rispenhortensie** *(H. paniculata)* Radikal bzw. bis auf neue Knospen zurückschneiden.

Folgende Sträucher bis auf 15 cm vom Boden zurückschneiden:

**Fuchsien** Die vollständig winterharten Arten wie *F. magellanica*

***Indigofera heterantha***

***Lespedeza thunbergii*** (Buschklee)

***Perovskia atriplicifolia*** (Blauraute)

**Spireen** Die Spätsommerblüher

SCHNITT BEI GARTENHORTENSIEN
*Die Äste der »Mophead«-Hortensien bis auf das erste Paar kräftiger, rundlich dicker Knospen im Spätwinter oder Vorfrühling zurückschneiden. Alle schwachen, kränkelnden Triebe komplett entfernen.*

**Mit einer scharfen Schere** knapp über einem großen, rundlichen Knospenpaar alte, trockene Blütenköpfe abschneiden.

**Alles dünne,** dürre Holz und abgestorbene Zweige herausschneiden.

**Nahe der Basis** alle verholzten, mehr als 3 oder 4 Jahre alten Äste wegnehmen.

SCHNITT BEI *BUDDLEJA DAVIDII*

*Der starkwüchsige Sommerflieder kann über 2 m hohe neue Triebe in einer Wachstumsperiode ausbilden, auch wenn er bis auf 60 cm gekürzt wurde. Man muss ihn nicht schneiden, tut man es doch, erhält man einen pflegeleichteren Strauch mit langen, üppigen Blütenrispen.*

**Alle Zweige** vom Vorjahr bis auf gesunde, aufbrechende Knospen zurückschneiden.

**Sehr alte,** verholzte Triebstümpfe mit einer Astschere oder Säge entfernen.

## KLEINE GRAUBLÄTTRIGE STRÄUCHER

Viele der niedrigen Sträucher stammen ursprünglich von Küstenpflanzen ab, die sich dem ständigen natürlichen »Rückschnitt« durch Windbruch angepasst haben und am neuen Holz blühen. Dennoch reagieren nicht alle positiv auf einen radikalen Schnitt bis ins kahle Holz. Stutzt man sie regelmäßig, behalten sie ihr gutes Aussehen, bis sie alt werden und verkahlen und ersetzt werden müssen.

SPARSAM

*Lavendel nach der Blüte und erneut im Vorfrühling leicht stutzen, dabei viele Blätter stehen lassen: Starken Rückschnitt nimmt er übel.*

DRASTISCH

*Heiligenkraut im Frühling bis auf 15 cm vom Boden zurückschneiden. Den ganzen Sommer regelmäßig stutzen.*

Sträucher fürs Zurechtstutzen:
Heidekraut • Zistrose • Baumheide • Ginster • Strohblume (*Helichrysum splendidum*) • Lavendel • Südseemyrte (*Leptospermum*) • Olearie • Fingerstrauch • Rosmarin

Sträucher für starken Rückschnitt:
*Brachyglottis* ›Sunshine‹ • Bartblume • Horn-Bleiwurz (*Ceratostigma*) • Ölweide • Brandkraut • Blauraute • Heiligenkraut (nicht *Santolina chamaecyparissus*)

# An Mauern gezogene Sträucher

Möchte man einen Strauch dicht und schön flach an einer Mauer, einer Wand oder einem Zaun hochziehen, muss man ihn auch regelmäßig beschneiden. Aber nur wenige Sträucher vertragen das und blühen dann auch noch gut. Fächer- oder Spaliererziehung bietet sich an, wenn es sonst keinen anderen Platz gibt. Daran denken: Der Boden vor einer Wand kann »tot« und trocken sein.

### Sträucher für Wände

**Schönmalve** ***(Abutilon megapotamicum)***
**Zierquitte** ***(Chaenomeles speciosa)***
**Säckelblume** Die meisten schlanken Immergrünen
**Zwergmispel** Die kleinblättrigen Arten
**Forsythie** (***F. suspensa***, bogig überhängend)
**Becherkätzchen** ***(Garrya elliptica)***
***Itea ilicifolia***
**Magnolie** ***(Magnolia grandiflora)***
**Feuerdorn** Die meisten Sorten

## Erziehung eines jungen Strauchs

Zunächst ein Gerüst anbringen, das den ausgewachsenen Strauch auch tragen kann, z. B. ein Spalier oder Stützdrähte. Pflanzen nehmen, die von Natur aus eher flächig wachsen. Mit der »schönen« Seite nach vorn, 30–45 cm von der Mauer (Wand) entfernt einpflanzen, zuvor alle nach hinten abstehenden Zweige wegschneiden. Alle seitwärts weisenden Äste gleichmäßig nach außen biegen, sie dann vorsichtig nach unten und in die Waagerechte ziehen und einbinden. Dabei keine Triebe hinter die Streben oder Drähte schieben – sie könnten später so kräftig werden, dass sie das Gerüst von der Wand wegdrücken. Alle nach vorn weisenden Triebe entfernen.

**Zweige nicht zu fest** anbinden (hier von einer Säckelblume), das Band dabei zu einer Acht legen.

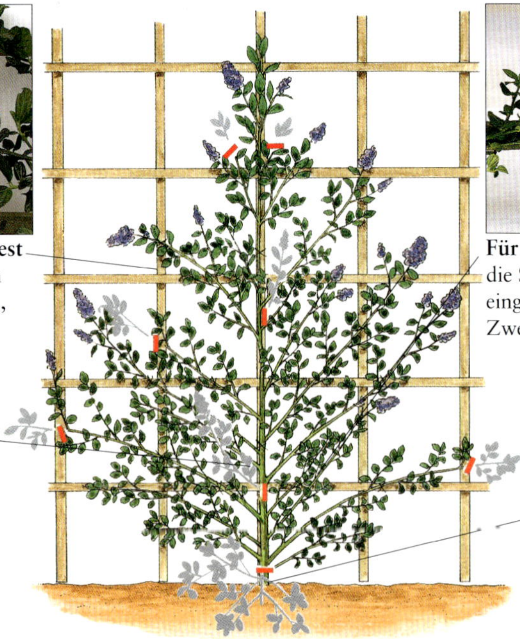

**Alle nach vorn** abstehenden Triebe entfernen.

**Triebe direkt** an der Basis abschneiden.

**Für dichteren Wuchs** die Spitzen der eingebundenen Zweige abschneiden.

# SCHNITT EINES STRAUCHS AN EINER WAND

Für den Rückschnitt eines ausgereiften Strauchs den richtigen Zeitpunkt wählen, damit er weiter flach an der Wand wächst und nicht zu kahl in der Mitte wird. Alle sich kreuzenden Zweige entfernen, nach außen oder in die falsche Richtung wachsende Triebspitzen abschneiden. Sträucher wie die Zierquitte lassen sich leicht ziehen, man kann sie ein Mal im Jahr stark zurückschneiden. Aber die Säckelblume z. B. verträgt das gar nicht, sie blüht dann weniger, wieder andere bekommen dadurch übermäßig viele Blätter.

TRIEBKÜRZUNG

*Sträucher, die am alten Holz blühen, wie Zierquitte und Feuerdorn, reagieren auf das Einkürzen neuer Blattsprosse im Sommer mit einer schöneren Blüte. Für sie ist eine Wand deshalb ein idealer Standort.*

**Seitentriebe** je nach Jahreszeit auf 2–3 Blätter oder Knospen vom Ansatz zurückschneiden.

**Nach vorn** weisende Triebe, die sich nur mit Mühe zur Seite biegen und binden lassen, ausschneiden.

# EMPFEHLENSWERTE STRÄUCHER

## PFLANZENAUSWAHL

DIE HIER VORGESTELLTEN STRÄUCHER sind in verschiedene Katagorien eingeordnet, wobei es zahlreiche Überschneidungen gibt. So vertragen viele der schönsten *Immergrünen* etwas Schatten, während unter den Sträuchern für Schattenplätze nur die aufgeführt sind, die wirklich lichtarme Standorte bevorzugen. Welche Höhe die beliebtesten Sorten eines Strauchs im Durchschnitt erreichen, ist jeweils vermerkt, beim Kauf sollte man aber aufs Etikett achten.

### DIE KATEGORIEN

- **Die schönsten Sommer- und Immergrünen** Bewährte Gartenklassiker inklusive
- **Duftsträucher** Die besten mit Wohlgeruch
- **Sträucher für Schatten** und für **saure Böden** Sie meistern die Probleme bestimmter Standorte
- **Sträucher an Wänden** Die man zu Fächern oder als Spalier ziehen kann, und solche, die einen geschützten Standort brauchen
- **Sträucher für windige Gärten** Die ein mildes Küstenklima brauchen, eignen sich auch für trockene Plätze; andere behaupten sich gegen kalte Winde
- **Sträucher in Kübeln** Kleine oder speziell dafür geeignete Sorten

RICHTIGER STANDORT *Aus den aufgeführten Sträuchern kann man sich die aussuchen, die mit den Bedingungen des Gartens übereinstimmen. Oder es lässt sich daraus ersehen, ob man für seinen Lieblingsstrauch auch den geeigneten Platz hat. Sträucher sind günstig für Wände und Zäune, wo man andere Pflanzen nicht so leicht pflegen kann. Dieser Ceanothus 'Puget Blue' ♕ profitiert daneben auch noch vom Schutz der Gartenmauer.*

◄ JAHRESPLANUNG *Die Bartblume ›Arthur Simmonds‹ blüht bis in den Spätsommer hinein.*

# DIE SCHÖNSTEN SOMMERGRÜNEN

## BUDDLEJA

(Sommerflieder, Schmetterlingsstrauch)

Buddlejas mit ihren weit ausladenden Zweigen werden meist ca. 3 m hoch. Ausnahme: die zierliche Abart **var. *nanhoensis***. Sie gedeihen am besten in durchlässigen Böden in voller Sonne. Die bekannteste Art, ***B. davidii***, hat lange, duftende Blütenrispen an den neuen Trieben (s. Foto *S. 7*, **'Fascinating'**). Im Spätwinter stark zurückschneiden (*s. S. 35*). Blütenfarben: hellviolett, weiß, rosa, blau, purpurrot. Empfehlenswerte Sorten: **'White Profusion'** ♀ (*s. S. 22*), **'Pink Delight'** ♀, **'Empire Blue'** ♀ und **'Royal Red'** ♀.

Im Frühling blüht ***B. alternifolia*** ♀ (*Foto*), mit silbergrauen Blättern und lavendel-purpurfarbenen Blütenbüscheln an langen, überhängenden, vorjährigen Trieben.

*BUDDLEJA ALTERNIFOLIA* ♀

## CHAENOMELES

(Zierquitte)

Die leicht als Einzelstrauch zu ziehende Zierquitte – bekannte Art: ***Ch. japonica*** – wird ca. 2,5 m hoch. Sie gedeiht auf allen, nur keinen nassen Böden, und macht sich auch gut an der Hauswand – besonders die ***Ch.-speciosa***-Sorten (*s. S. 60*). Trauben von Apfelblüten ähnelnden Blüten entfalten sich auf kurzen, stacheligen Zweigen von März bis Mai in rot, rosa oder, wie bei **'Nivalis'**, in reinweißen Tönen. Ein kleinerer Strauch ist **'Geisha Girl'** mit hellrosa Blüten. Eine der auffallendsten Hybriden – ***Ch. × superba*** **'Crimson and Gold'** (*Foto*) – hat ziegelrote, offene Schalenblüten und ist von eher dichtem, sparrigem Wuchs. Zierquitten blühen am alten Holz und können, wenn nötig, nach der Blüte in Form geschnitten oder ausgelichtet werden (*s. S. 31*).

*CHAENOMELES × SUPERBA* 'CRIMSON AND GOLD' ♀

## DEUTZIA

(Deutzie)

Deutzien sind winterfeste, leicht zu ziehende Sträucher. Sie werden normalerweise ca. 1,5 m hoch und wachsen in jedem nährstoffreichen Gartenboden in sonniger oder halbschattiger Lage. Auch im Schatten blühen sie noch gut. Nach der Blüte einige der älteren Triebe bis knapp über dem Boden zurückschneiden (*s. S. 33*). ***D. × elegantissima*** **'Rosealind'** (*Foto*) hat einen kompakten Wuchs und aufrecht stehende Trauben rosafarbener Blüten im Frühsommer. Viele andere blühen in Rosa oder Weiß. So z. B. ***D. gracilis*** in Weiß und **'Mont Rose'** in Rosa, ein in warmen Farbtönen reich blühender, anmutiger Strauch, sowie ***D. × rosea*** **'Carminea'** ♀ mit hellrosafarbenen Blüten. Beide haben zart violette Knospen. ***D. × magnifica*** wächst höher und hat gefüllte rosa Blüten.

*DEUTZIA × ELEGANTISSIMA* 'ROSEALIND' ♀

## FORSYTHIA

(Forsythie)

Forsythien sind breit ausladende Sträucher unterschiedlicher Größe, deren leuchtend gelbe, frostharte Blüten an der ganzen Länge der kahlen Zweige vor den Blättern im Vorfrühling erscheinen. Wenn Forsythien regelmäßig nach der Blüte geschnitten werden (*s. S. 33*), überschütten die Blüten an den Seitentrieben am alten Holz den gesamten Strauch. Man braucht sie aber auch nur auszulichten. Sie gedeihen in fast allen Böden in der Sonne oder im Schatten. Dort blühen sie zwar nicht so üppig, der Strauch sieht dafür eleganter aus. Züchtungen mit größeren, sattgoldenen Blüten sind die *F.- ×-intermedia*-Sorten: **'Lynwood'** 🏆, reichblühend; **'Arnold Giant'** 🏆 (*s. S. 7*) und **'Arnold Dwarf'** 🏆. ***F. suspensa*** 🏆 (*Foto*) mit hellgelben Blüten und locker überhängenden Zweigen wird über 2 m hoch; sie kann an eine Mauer gebunden und so »gebändigt« werden.

*FORSYTHIA SUSPENSA* 🏆

## FUCHSIA

(Fuchsie)

Strauchfuchsien sind schöne Gartenpflanzen, sie brauchen aber einen geschützten Standort und einen Winterschutz aus einer dicken Lage Stroh oder Kompost oder werden mit Erde angehäufelt. Als Kübelpflanzen (*s. S. 75*) kann man sie im Keller überwintern. In geschützten Lagen mag ***F. magellanica*** (*Foto*) im Winter ihr Astwerk behalten, meist friert es aber zurück. Kein Problem, da der Strauch auch nach einem starken Rückschnitt wieder neu austreibt bis auf 1,5 m Höhe. Er steht gut im Staudenbeet, am besten in voller Sonne, verträgt aber auch lichten oder Halbschatten. Zu den besten Fuchsien zählen die Sorten ***versicolor*** 🏆 mit weiß und silber-rosa gezeichneten Blütenblättern, die einen schönen Kontrast zu dem Rot und Violett des Kelches bilden. **'Genii'** 🏆 hat goldene Blätter und **'Hawkshead'** einen weißen Kelch.

*FUCHSIA MAGELLANICA*

## HIBISCUS

(Eibisch)

Aufrechter Busch, wächst nur langsam auf eine Höhe von ca. 3 m heran, mit großen, trichterförmigen Blüten im Hoch- und Spätsommer, manchmal noch im Herbst. Die dunkelgrünen Blätter sind gezähnt. ***H. syriacus***, Roseneibisch, ist winterhart, benötigt aber volle Sonne für eine reiche Blüte.
***H. rosasinensis*** braucht ein wärmeres Klima. Beide sind gute Kübelpflanzen (*s. S. 75*). Garteneibisch-Sorten reagieren positiv auf einen Formschnitt im Vorfrühling, bevor die Knospen aufbrechen. Sie gedeihen am besten in durchlässigem Boden. **'Diana'** 🏆 (*Foto*) ist auffallend großblütig, **'Jeanne d'Arc'** 🏆 hat halbgefüllte weiße Blüten. **'Blue Bird'** 🏆 (*s. S. 6*) blüht in Lavendelblau, **'Woodbridge'** 🏆 in Rubinrot. Viele Sorten, wie **'Blue Bird'** oder die weißblühende **'Red Heart'** 🏆, sind im Blütengrund rotbraun gezeichnet.

*HIBISCUS SYRIACUS* 'DIANA' 🏆

## HYDRANGEA

(Hortensie)

Hortensien sind vielseitige Sträucher, geeignet für fast alle Böden oder Standorte. Manche sind besonders schattenverträglich (*s. S. 64*). Am beliebtesten für Rabatten oder Kübel (*s. S. 76*) sind die Macrophyllas: locker verzweigt, bis zu 2 m hoch, mit flachen Blütendolden (**'Lacecaps'**) oder Blütenbällen (**'Mopheads'**); in Weiß **'Lanarth White'** 🏆 oder **'Madame Emile Mouillère'** 🏆, mit rosa Kelch; in Rosa gut: **'King George'** – oder, nur auf sauren Böden, in Blau **'Blue Wave'** 🏆 und **'Nikko Blue'**. Schnitt im Spätwinter (*s. S. 34*). ***H. paniculata*** ist ein anderer schöner Allrounder: winterhart, bis zu 3 m oder durch starken Rückschnitt im Spätwinter 2 m hoch. Blüht am neuen Holz in dichten weißen Rispen, besonders groß und auffallend bei **'Grandiflora'** 🏆, bei **'Pink Diamond'** (*Foto*) werden sie rosa beim Verblühen. Sehr dekorative Trockenblume.

*HYDRANGEA PANICULATA* 'PINK DIAMOND'

## INDIGOFERA

(Indigostrauch)

Eher unauffällig, dennoch elegant: der Indigostrauch blüht, gerade an trockenen Plätzen, wenn nur wenige andere Sträucher es tun. Im Winter kann er zurückfrieren, treibt aber wieder aus und blüht am neuen Holz. Deshalb starker Rückschnitt im Spätwinter möglich, oder man lässt ihn, in wärmeren Lagen, ohne Schnitt zu einem höheren, offenen Strauch wachsen.

***I. heterantha*** 🏆, bis zu 3 m hoch, blüht hellviolettrosa bis in den Spätsommer hinein.

***I. decora*** (*Foto*), ein eleganter, lockerer Strauch, liebt sonnige Plätze und durchlässige, vor allem trockene Böden. Er hat überhängende, bis zu 2 m lange, üppig belaubte Äste mit schmalen rosaroten, schmetterlingsartigen Blütenrispen im Hochsommer. Die Blüten heben sich wirkungsvoll gegen purpurviolettes Laub ab, z. B. von ***Cotinus coggyria*** **'Royal Purple'** 🏆.

*INDIGOFERA DECORA*

## KERRIA

(Ranunkelstrauch)

***Kerria japonica***, schon lange ein Klassiker im Bauerngarten, ist ein ca. 2 m hoher, bezaubernder, vielverzweigter Busch mit saftig grünen, gezähnten Blättern und buttergelben Blüten im Frühling. Seine aufrechten, leuchtend grünen Triebe sind eine Winterzierde. Äußerst frosthart und für alle Böden, auch kalkhaltige, geeignet, blühen Kerrien gut im Halbschatten. Sorten mit silber- bzw. golden-panaschierten Blättern sind **'Picta'**, kleinwüchsiger und kälteempfindlicher, und **'Golden Guinea'** (*Foto*) mit sehr großen Blüten. Gefüllt blühend ist **'Pleniflora'** 🏆, die ihren Ursprung in China hat und in den Westen gelangte. Der äußerst robuste Strauch hat die Neigung, alle in unmittelbarer Nähe wachsenden Pflanzen zu verdrängen. Dafür halten sich aber die gefüllten Blüten um so länger.

*KERRIA JAPONICA* 'GOLDEN GUINEA' 🏆

## KOLKWITZIA

(Perlmuttstrauch)

***Kolkwitzia amabilis*** ist von leicht über-hängendem, breitbuschigem Wuchs und wird über 2 m hoch. Ihre dichten Zweige bedecken im Spätfrühling zahlreiche lockere Trauben von kleinen hellrosafarbenen, innen leuchtend gelb gefärbten Blüten.

**'Pink Cloud'** 🏆 (*Foto*) blüht, sehr zuverlässig, in noch zarteren Farben. Auch empfehlenswert ist: **'Rosea'**.

Völlig winterhart, gedeihen Kolkwitzien in jedem normalen, auch kalkhaltigen Boden. Sie brauchen ein paar Jahre Eingewöhnungszeit, um reichlich zu blühen. Danach sollten sie nur gelegentlich nach der Blüte ausgelichtet werden. Da sie in mancher Hinsicht Deutzien und Weigelien ähneln, werden Kolkwitzien oft zusammen mit ihnen oder Buschrosen und Flieder gepflanzt.

## POTENTILLA

(Fingerstrauch)

***Potentilla fruticosa***, der Fingerstrauch, ist ein kleiner, aber äußerst wertvoller Strauch, dicht verzweigt und breitbuschig, ca. 1 m hoch, dessen Blüten an Rosen erinnern und den ganzen Sommer über blühen. Sehr frosthart, gedeiht er in jedem Boden, am besten in voller Sonne, aber auch im lichten Schatten. Sieht im Winter oft unschön aus, deshalb dann oder im Frühling alle Fruchtkapseln entfernen und die Triebe stutzen: Das regt zu kompakterem Wuchs und reicherer Blüte an.

Die Art blüht in einem hellen Gelb. Daneben gibt es andere schöne gelb-, rosa-, orangerot- und weiß blühende Sorten, meistens zwischen 60 cm und 1,20 m hoch, wie z. B. **'Elizabeth'** 🏆, kanariengelb, **'Daydawn'** 🏆, pfirsichfarben und **'Primrose Beauty'** 🏆 (*s. S. 77*). **'Abbotswood'** 🏆 hat graugrüne Blätter und blüht reinweiß, **'Tangerine'** 🏆 (*Foto*) in einem zarten Orangerot.

## PRUNUS

(Pflaumen)

Unter den vielen Prunus (= Pflaume)-Arten gibt es einige schöne immergrüne (*s. S. 50*), doch die schönsten der Sommergrünen ähneln eher Pflaumen- oder Kirschbäumen. ***Prunus × cistena*** (niedrige Blutpflaume, *Foto*), wird bis 1,5 m hoch. Das dunkelrote Laub und, als schöner Kontrast dazu, die zartrosa Blüten erscheinen gleichzeitig ab April. Der Strauch wächst praktisch überall, am besten einzeln in voller Sonne. Nach der Blüte stark zurückschneiden.

***P. mume*** blüht noch früher, mit duftenden rosavioletten Blüten an den kahlen Zweigen, am neuen bis zum 3- oder 4-jährigen Holz.

***P. tenella*** **'Fire Hill'** 🏆, breitbuschig, trägt Schleppen mit rosaroten Blüten.

***P. triloba*** **'Multiplex'** 🏆, das Mandelbäumchen, mit gefüllten rosa Blüten, ist auch als Zierstämmchen erhältlich.

*KOLKWITZIA AMABILIS* 'PINK CLOUD' 🏆

*POTENTILLA FRUTICOSA* 'TANGERINE' 🏆

*PRUNUS × CISTENA* 🏆

## RIBES

(Zierjohannisbeere)

Die Zierjohannisbeere wächst breitaufrecht, meist ca. 2 m hoch. ***R. alpinum*** wird nur ca. 90 cm hoch, mit grünlichgelben Blüten. Die trotz ihres herben Geruchs beliebte ***R. sanguineum*** ist einer der ersten Frühjahrsblüher mit zunächst hängenden, dann aufrechten dunkelrosafarbenen Blütentrauben. Winterhart und anspruchslos, gedeihen die Pflanzen in fast jeder Erde in der Sonne oder im Halbschatten. Es gibt hübsche weiß oder zartrosa blühende Sorten. In dunkleren und intensiveren Farben blühen die niedrige **'King Edward VII'** mit karminroten, und **'Pulborough Scarlet'** 🏆 mit dunkelroten Blüten. **'Brocklebankii'** 🏆 (*Foto*) hat goldfarbenes Laub, das in voller Sonne leicht verbrennt. Nach Nelken duften die kleinen gelben Blüten der aufrechten ***R. odoratum***. ***R. speciosum*** 🏆 braucht einen geschützten Platz.

*RIBES SANGUINEUM* 'BROCKLEBANKII' 🏆

## RUBUS

(Himbeere/Brombeere)

Die Himbeer- und Brombeersträucher (*Rubus*), die man als Ziersträucher zieht, haben ähnliche Blüten wie die Nutzpflanzen, aber manchmal haben ihre Stämme keine Dornen. Obwohl ihre Zweige lang und biegsam sind, neigen sie eher nicht dazu, in andere Pflanzen hineinzuranken. **R. 'Benenden'** 🏆 (*Foto*), ein bis zu 3 m hoher und 4 m breiter Strauch, hat reinweiße Blüten mit heraustretenden goldgelben Staubgefäßen im Mai bis Juni. Die Blüten stehen einzeln an dicken, überhängenden Zweigen mit drei- bis fünflappigen Blättern. Wächst in jedem etwas reicheren Boden in voller Sonne oder im Halbschatten. Als Frühlingsblüher sollte der Schnitt gleich nach der Blüte erfolgen. Ähnlich, aber mit rosa Blüten, ist **'Walberton Red'**. Weiß blüht ***R. thibetanus*** 🏆, ein mehr aufrechter Strauch mit schönen grauen Blättern und weißen Stämmen.

*RUBUS* 'BENENDEN' 🏆

## SPIRAEA

(Spierstrauch)

***Spiraea japonica***, ein sehr widerstandsfähiger und, was Bodenart und Standort betrifft, anspruchloser Spierstrauch. Sommerblüher, bis zu 2 m hoch; viele Züchtungen nur bis zu 1 m, sie haben dafür schön gefärbtes, glänzendes Laub. Die pinkfarbenen Blüten (weiß bei ***var. albiflora***) heben sich gegen das Blattwerk ab, bei **'Goldflame'** 🏆 (*Foto*) gelborange und später vergrünend, bei **'Anthony Water'** 🏆 bronze-, später cremefarben mit grünen Rändern. Bei diesen Spieren fördert ein starker Rückschnitt im Winter die Intensität der Blattfarben, kompakten Wuchs und Blütenfülle. Bei den meist weiß im Frühjahr blühenden: Altes Holz nach der Blüte herausschneiden. Schön: die Brautspiere **'Arguta'**, mittelgroß, mit vielblütigen weißen Dolden entlang der überhängenden Zweige oder ***S. × vanhouttei*** 🏆, die Prachtspiere.

*SPIRAEA JAPONICA* 'GOLDFLAME' 🏆

## VIBURNUM
(Schneeball)

Die meisten Viburnum-Arten sind duftend, manche sogar intensiv (*s. S. 55*). Viele sommergrüne haben eine schöne Herbstfärbung, einige wie ***V. opulus*** mit glänzenden Beeren. Sie wachsen auf fast jedem Boden. In Höhe und Habitus unterschiedlich, sind die Blüten bei allen ähnlich: kleine reinweiße oder blassrosa Blütchen in kugeligen Dolden im Frühjahr. Nach der Blüte, wenn nötig, auslichten. ***V. macrocephalum***, rundlicher Wuchs, bis zu 3 m, in warmen Lagen halb immergrün, braucht in kalten Lagen Sonne und Schutz. Ähnlich ***V. × carlcephalum*** ♀, aber robuster und schattenverträglicher. Mit schön gestuftem, breitem Wuchs bis zu 3 m: ***V. plicatum***, besonders **'Lanarth'**, **'Mariesii'** ♀ (*s. S. 27*), **'Pink Beauty'** ♀ (*Foto*) und, später blühend, **'Summer Snowflake'**. Alle haben weiße oder blassrosa Blüten.

*VIBURNUM PLICATUM* 'PINK BEAUTY' ♀

## WEIGELA
(Weigelie)

Weigelien sind unempfindliche, pflegeleichte, dekorative Sträucher. Bis zu 2 m hoch und breit, wachsen sie in der Sonne oder im Halbschatten in jedem guten Boden. Sie blühen im Frühsommer am alten Holz, deshalb, wenn sie eingewachsen sind, in jedem Jahr die älteren Zweige nach der Blüte bis knapp über dem Boden abschneiden (*s. S. 33*), das verjüngt den Strauch. Mit schönen Blütenfarben: **'Eva Rathke'** (*Foto*), langsam wachsend, kompakt; **'Abel Carriere'** ♀, mit dunkelrosa, langsam verblassenden Blüten; **'Bristol Ruby'** mit karminroten Blüten. Die beste Weigelie in Weiß ist **'Mont Blanc'** ♀. Andere Weigelien haben ausdrucksvolles Laub, beliebt: **'Florida Variegata'** ♀, mit rosafarbenen Blüten und rahmweiß gesäumten Blättern. Die niedrige ***W. florida*** **'Foliis Purpureis'** hat braunrotes Laub.

*WEIGELA* 'EVA RATHKE'

## AUCH SCHÖN

***Berberis*** (*s. S. 66*)
***Cotoneaster*** (*s. S. 60*)
***Genista*** (*s. S. 67*)
***Lavatera*** (*s. S. 71*)
***Philadelphus*** (*s. S. 54*)
***Syringa*** (*s. S. 55*)

***Ceanothus***
(Säckelblume)

Die sommergrünen Sorten der Säckelblume gedeihen in jedem durchlässigen Boden in warmen, sonnigen Lagen. Sie passen wunderbar ins Blumenbeet. Bis zu 3 m hoch, können sie durch einen Frühjahrsschnitt kleiner gehalten werden, sie haben dann zwar weniger, dafür prächtigere Blüten. Bewährt: 'Gloire de Versailles' ♀, mit blauen, und 'Marie Simon', mit lachsrosa Blüten.

***Cotinus***
(Perückenstrauch)

Der Perückenstrauch wird bis zu 3 m hoch, doch die Sorten mit purpurrotem Laub (*s. S. 14*) werden oft stark zurückgeschnitten, um einen kleineren Strauch mit größeren und glänzenderen Blätter zu erzielen. Sehr widerstandsfähig, wächst in der Sonne und im lichten Schatten. Im Sommer flauschige, perückenähnliche rosafarbene Fruchtstände, die grünblättrigen Sorten haben eine wunderschöne Herbstfärbung.

***Nandina domestica*** ♀
(Nandine)

Die essbare Nandine wächst gebüschartig bis zu 2 m hoch, in der Sonne und im Schatten, vorzugsweise in Gegenden mit sauren Böden und heißen Sommern. Im Frühling viele weiße Blütenzweige, später leuchtende Beeren. Die zarten, bis zur Spindel geteilten Blätter sind bei der Jungpflanze und im Herbst orangerot gefärbt.

# DIE SCHÖNSTEN IMMERGRÜNEN

## BERBERIS

(Berberitze)

Immergrüne Berberitzen sind wertvolle, dornige Sträucher. Die schönste Art ist wohl die bis zu 2 m hohe ***B. darwinii*** 🏆 (*Foto*) mit kleinen, glänzenden, gezähnten Blättern und orangefarbenen Blüten im Frühling und blauschwarzen Beeren im Herbst. Der Strauch ist leicht zu ziehen und wächst in der vollen Sonne wie auch im Schatten in durchlässigen Böden. Weil Berberitzen »staksig« werden können, ist es wichtig, sie in eine runde, dichte Form nach dem Blühen zurückzuschneiden. Zu einer undurchdringlichen Hecke wächst ***B.*** × ***stenophylla*** 🏆 (*s. S. 8*), von der es viele Sorten gibt, meist mit orangegelben Blüten. Zu den besten zählen die dichtere **'Irwinii'** und die reich blühende **'Etna'**. Für Kübel eignet sich die kleine gelbblütige ***B. buxifolia*** **'Pygmaea'**.

## CALLISTEMON

(Schönfaden)

Der aus Australien stammende Schönfaden ist ein auffälliger, auch »Flaschenbürste« oder »Zylinderputzer« genannter Strauch mit schmalen, spitzen, immergrünen Blättern und zylinderförmigen, flaumigen Blütenrispen im Sommer. Die meisten Arten, wie die beliebte ***C. rigidus*** (*s. S. 20*), haben rote Blüten. ***C. pallidus*** und ***C. salignus*** 🏆 blühen zartgelb. Die Blätter von ***C. citrinus*** **'Splendens'** 🏆 (*Foto*) duften nach Zitrone, wenn man sie zwischen den Fingern zerreibt. Am unteren Stiel halten sich jahrelang harte, graue, nussähnliche Samenstände, neue Blüten bilden sich darüber aus. Der Schönfaden braucht volle Sonne, verträgt auch große Trockenheit und wächst in fast allen, außer flachgründigen Kalkböden. Im Vorfrühling zurückschneiden; als Spalierpflanze geeignet.

## CAMELLIA

(Kamelie)

Die Kamelie ist ein wunderschöner, oft bis zu 5 m hoher Strauch mit glänzenden Blättern und kelchförmigen Blüten, die im Frühling in vielen Farben blühen. Die sich öffnenden Knospen sind anfällig gegen Frostschäden, meist folgen aber weitere Knospen nach. Kamelien bevorzugen saure bis neutrale, mit viel Laubkompost gemulchte Böden in lichten Waldgärten. Stehen sie in direkter Sonne, Wurzeln mit organischem Material kühl und feucht halten. Bei kalkhaltiger Erde im Garten Kamelien im Topf oder Kübel ziehen (*s. S. 75*), wo sie wegen ihres ausdrucksvollen Laubes gefallen. Sie sind auch elegante Wintergarten-Pflanzen. Die Hunderte von Sorten der ***C. japonica*** blühen meist rosa, weiß oder rot. ***C.-×-williamsii***-Hybriden sind ideal für Schattenplätze (*s. S. 64*).

*BERBERIS DARWINII* 🏆

*CALLISTEMON CITRINUS* 'SPLENDENS'

*CAMELLIA JAPONICA* 'ADOLPHE AUDUSSON' 🏆

## Choisya

(Orangenblume)

Die Orangenblume, auch mexikanische Orangenblüte, ist ein runder Strauch mit glänzenden, dreizählig gefingerten Blättern, die unangenehm riechen, wenn man sie zerdrückt. Von Spätfrühling bis Frühsommer blühen Trauben von kleinen weißen, süß duftenden Blüten. **'Aztec Pearl'** 🏆 (*Foto*) hat schmalere Blätter und ist etwas kleiner als die bis zu 2 m hohe, üppige, immergrüne ***Choisya ternate*** 🏆, die gut in warme, geschützte Stadtgärten passt. In offenen und kälteren Lagen ist sie frostanfällig. Sie wächst in fast allen Böden und ist nach dem Anwachsen auch in Trockenzeiten relativ genügsam. Nur beschneiden, wenn sie – vor allem an Schattenplätzen – zu groß oder unansehnlich wird. **'Sundance'** 🏆 hat goldfarbene neue Triebe, ist kompakter und wächst langsamer, daher besonders für Kübel geeignet (*s. S. 75*).

## Cotoneaster

(Zwergmispel)

***Cotoneaster conspicuus*** (*Foto*), ein ausladender, bis zu 1,5 m hoher, überhängender Strauch, ist wohl die schönste Art der kleinblättrigen, immergrünen Zwergmispeln. Ihre winzigen weißen Blüten im Frühsommer, denen im Herbst beständige rote Beeren folgen, sind auffälliger als bei anderen Sorten, wie ***C. horizontalis*** 🏆 (*s. auch S. 60*). Empfehlenswert ist **'Decorus'** 🏆. Zwergmispeln sind robust und wachsen überall, auch auf lehmigen oder kalkhaltigen Böden. In Flächenbepflanzungen sind sie zudem exzellente Bodendecker. Wenn notwendig, gleich nach der Blüte zurückschneiden. ***C. microphyllus*** 🏆 hat kleine Blätter, aber große Früchte, ist mehr breit als hoch und eignet sich daher als Bepflanzung für Böschungen oder Trockenmauern. ***C. salicifolius*** und **'Exburyensis'** (*s. S. 12*) werden viel größer (bis zu 5 m) und wirken eleganter

## Elaeagnus

(Ölweide)

Die immergrüne Ölweide, nur bedingt winterhart, ist schnell wachsend und für die meisten Böden, in der Sonne oder im Schatten, geeignet. Bis zu 4 m hoch, bildet sie einen ausdrucksvollen Hintergrund für andere Pflanzen. Zurückschneiden ist nicht nötig, aber sie kann in Form gestutzt werden. ***Eleagnus* × *ebbingei*** wird häufig für eine Blattpflanze gehalten, da ihre kleinen, hellgelben Blüten im Herbst unter den Blättern versteckt sind. Ihre Unscheinbarkeit machen die Blüten aber durch ihren intensiven süßen Duft wett. Andere immergrüne Sorten haben ebenfalls attraktives Laub. ***E.* × *ebbingei* 'Limelight'** (*Foto*) ist in der Blattmitte grüngelb gesprenkelt. ***E. pungens* 'Maculata'** 🏆 mit gelb gesprenkelten Blättern ist besonders starkwüchsig. Die Blätter von **'Variegata'** und **'Dicksonii'** sind gelb gerändert.

*Choisya* 'Aztec Pearl' 🏆

*Cotoneaster conspicuus*

*Elaeagnus × ebbingei* 'Limelight'

## ESCALLONIA

(Eskallonie)

Unter den 2 bis 3 m hohen Eskallonien ist **'Apple Blossom'** (*Foto*), mit überhängendem Wuchs und kleinen Blüten entlang der Zweige, eine der hübschesten Sorten. Die glänzenden Blätter duften an warmen Tagen aromatisch. Schon fast rote Blüten hat ***E. rubra*** **'Crimson Spire'** 🏆 (wegen ihres aufrechten Wuchses auch für Hecken geeignet). Die Eskallonie ist nur bedingt winterhart. In kalten Lagen braucht sie Winterschutz oder sollte an einer sonnigen Wand gezogen werden. Sie wächst in den meisten Böden, bevorzugt volle Sonne und verträgt nach dem Anwachsen auch Trockenperioden. Die Wuchsform kann durch Zurückschneiden verbessert werden (*s. S. 33*). Die Blüten wachsen meist aus jungen Trieben, alte Zweige können also nach der Blüte oder im Vorfrühling herausgeschnitten werden.

*ESCALLONIA* 'APPLE BLOSSOM' 🏆

## GARRYA

(Becherkätzchen)

Das immergrüne Becherkätzchen (*Foto*), mit seinen schönen lederartigen Blättern hat eine Überfülle an Blüten in Form von langen Kätzchen im Spätwinter. Weibliche und die auffälligeren männlichen Blüten wachsen auf verschiedenen Pflanzen. Beste Sorte: **'James Roof'** 🏆. Wie viele kalifornische Pflanzen ist auch dieser Strauch nur bedingt winterhart und benötigt meist einen geschützten Ort, wächst dafür aber in jedem durchlässigen, einigermaßen fruchtbaren Boden. Er verträgt Luftverschmutzungen und salzhaltige Winde, wächst in lichtem Schatten und blüht auch an einer Wand mit ausschließlich Morgensonne. Wenn nötig, im Frühling nach der Blüte etwas zurückschneiden. Lieber locker anbinden, als »ordentlich« an der Wand hochziehen. Die 3–5 m hohen Becherkätzchen eignen sich für Hecken, wenn man sie nicht zu stark beschneidet.

*GARRYA ELLIPTICA*

## GREVILLEA

(Silbereiche)

Die ***G. rosmarinifolia*** 🏆 (*Foto*), eine der robusteren Silbereichen, ist für kältere Lagen dennoch nicht geeignet. Sie ist ein schöner Strauch für wärmere Regionen und braucht einen geschützten Platz oder Winterschutz, oder man stellt sie in den Wintergarten. Zu den schmalen, nadelähnlichen graugrünen Blättern gesellen sich im Spätfrühling und Sommer für mehrere Wochen dem Geißblatt ähnelnde cremefarbene bis hellrote Blütendolden. **'Canberra Gem'** 🏆 blüht tiefrot. Alle Sorten wachsen gut an Sonnenplätzen in durchlässigen, kalkarmen Böden. Sie werden bis zu 2 m hoch, in milden Gegenden auch größer, und passen gut zu anderen Pflanzen, die es gern trocken haben, wie Schönfaden, Rosmarin und Zistrose. Zurückschneiden ist meist nicht nötig. Die Blätter sind stachelig und können Hautausschlag hervorrufen.

*GREVILLEA ROSMARINIFOLIA* 🏆

## HYPERICUM

(Johanniskraut)

Johanniskraut wächst in fast jedem Boden, in voller Sonne oder im Halbschatten. Die Blüte entwickelt sich am neuen Holz im Sommer und kann deshalb danach bis zum Herbst oder im Spätwinter stark zurückgeschnitten werden. Der Strauch blüht meist gelb. ***H. × inodorum* 'Elstead'** trägt zudem an den Triebenden hell lachsfarbene Früchte. **'Hidcote'** 🏆 (*Foto*) ist sehr winterhart und zu Recht einer der beliebtesten Ziersträucher. Bis zu 2 m hoch und breit und halbimmergrün, verliert in kälteren Gegenden seine Blätter. Im Sommer und bis in den Herbst hinein trägt er eine Fülle goldgelber, flacher Blüten. Ähnlich blüht der zwergartige, kriechende Strauch ***H. calycinnum***, der sich gut als Bodendecker eignet, allerdings auch zu einer Plage werden kann. ***H. × moserianum* 'Tricolor'** wächst ebenfalls niedrig, jedoch weniger kräftig, bis 75 cm hoch.

*HYPERICUM* 'HIDCOTE' 🏆

## ITEA

Die schöne, bis zu 3 m oder höher wachsende ***Itea ilicifolia*** 🏆 (*Foto*) hat ein eher offenes Astwerk und Blätter, die wie Stechpalmen mit kleinen Dornen besetzt sind. Im Spätsommer trägt sie schmale, bis zu 30 cm lange, herunterhängende Büschel winziger grün-cremefarbener Blüten, die nach Honig duften und Kätzchen ähneln. Sie wächst gut in voller Sonne oder im Halbschatten, bevorzugt aber, wie viele aus China stammende Pflanzen, nicht zu trockene oder zu heiße Bedingungen. Nach der Blüte im Herbst oder im Vorfrühling nur wenig zurückschneiden, um die Form zu erhalten oder alte Triebe zu entfernen, wenn die Pflanze ihre volle Größe erreicht hat. Neben der nordamerikanischen Sorte ***I. virginica***, die nur in kalkfreiem Boden wächst und aufrechter wachsende, auffälligere Blüten als *I. ilicifolia* hat, sind nicht viele Sorten erhältlich.

*ITEA ILICIFOLIA* 🏆

## MAHONIA

(Mahonie)

als ein das ganze Jahr über schöner Blattstrauch besticht die Mahonie im Winter auch noch mit gelben, quirlständigen Blütenbüscheln, die nach Honig und Maiglöckchen duften. Zudem haben, besonders in freieren Lagen, die glänzenden, gezackten Blätter den Winter hindurch oft einen rötlichen Ton. ***M. aquifolium*** (*Foto*) ist sehr winterhart, braucht aber ein wachsames Auge. Bodenverbesserung und normaler Dünger sorgen für schöne Blätter und Blüten. Den bis zu 2 m hohen Strauch wie alle Mahonien für einen ansprechenden Wuchs häufig zurückschneiden. Er wächst in der Sonne oder im Schatten auf jedem nicht zu feuchten Boden. ***M. japonica*** 🏆 und die Hybriden ***M. × media* ›Charity‹** 🏆 (*s. S. 13*) und **›Underway‹** 🏆 (*s. S. 23*) sind nicht so winterhart und bevorzugen feuchtere, schattigere Plätze.

*MAHONIA AQUIFOLIUM*

## Osmanthus

(Duftblüte)

Die Duftblüte, hier der buschig wachsende immergrüne Vertreter ***Osmanthus delavayi*** 🏆 (*Foto*), wird bis zu 2 m hoch und trägt im Frühling Büschel kleiner röhrenförmiger, wohlriechender Blüten. Der anmutige Strauch eignet sich für fast jeden, auch kalkhaltigen Boden, sofern er nicht zu trocken ist. Hat an offenen, sonnigen Plätzen eine reichere Blüte, blüht aber auch im Halbschatten noch gut. Die Duftblüte wächst in den ersten Jahren sehr langsam, junge Sträucher daher nur wenn unbedingt nötig zurückschneiden. Ausgewachsene Pflanzen eventuell nach der Blüte für einen kompakteren Wuchs zurückschneiden. Die größere ***O. × burkwoodii*** 🏆 ist ähnlich, doch nicht so zart und süß duftend wie *O. delavayi*. ***O. heterophyllus*** hat stechpalmenartige Blätter, die bei **'Variegatus'** 🏆 zudem cremefarben getupft sind.

OSMANTHUS DELAVAYI 🏆

## Ozothamnus

***Ozothamnus ledifolius*** 🏆 (*Foto*) ist ein dichter, bis 1,5 m hoher Busch mit kleinen, fleischigen, fest eingerollten Blättern in ungewöhnlichem Khakigrün mit gelber Unterseite. Die sternförmigen, grauweißen Blüten wachsen in Büscheln an den Zweigspitzen, ähnlich denen der Baumheide (*s. S. 59*). Blüten und Laub verströmen einen eigenartigen Duft, besonders wahrnehmbar an heißen Tagen, in etwa vergleichbar einer Mischung aus Honig und warmer Erdbeerkonfitüre. Wächst auf fast jedem Boden und bevorzugt, obwohl winterhart, heiße, trockene Plätze. Der von Natur aus dichte Strauch muss nur wenig oder gar nicht zurückgeschnitten werden. ***O. rosmarinifolius***, weniger robust, doch größer (bis zu 3 m), hat wunderschönes graugrünes, rosmarinähnliches Laub. **'Silver Jubilee'** 🏆 eignet sich für mediterrane Gärten und Pflanzungen.

OZOTHAMNUS LEDIFOLIUS 🏆

## Prunus

Die immergrünen Prunus-(Pflaumen-)Arten sind große, robuste, nützliche Sträucher, die einen Rückschnitt gut vertragen und deshalb gern als Sichtschutz oder Hecke gepflanzt werden. Die Blätter bleiben auch im Winter schön dunkelgrün. Im Frühling sind die Äste voller weißer, aufrechter Blütentrauben. ***P. laurocerasus*** 🏆, die Lorbeerkirsche, wird in Sonne oder Schatten bis zu 6 m hoch und wächst auf allen Böden, außer flachgründigen Kalkböden. Wenn nötig, nach der Blüte, für eine einigermaßen dichte Hecken auch im Vorfrühling und Herbst schneiden. Die kleinwüchsige **'Otto Luyken'** 🏆 (*Foto*) wird nur 1 m groß und eignet sich, zu mehreren gepflanzt, wegen ihres breit ausladenden Wuchses gut als Bodendecker. ***P. lusitanica*** 🏆 (Portugiesischer Lorbeer), noch widerstandsfähiger, verträgt auch Kalk. Bei starkem Rückschnitt verliert er seine Blüten.

*PRUNUS LAUROCERASUS* 'OTTO LUYKEN' 🏆

## Skimmia

(Japanische Stechpalme)
Die männlichen und weiblichen Blüten der Skimmie sitzen meist auf

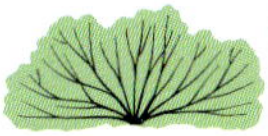

unterschiedlichen Pflanzen. Stehen beide nebeneinander, tragen die weiblichen rote Beeren. Sie wachsen auf den meisten Böden, in Sonne oder Schatten. Alle Sorten von *S. japonica* haben weiße, bei **'Fragrans'** 🏆 duftende Blüten. **'Bronze Knight'** (*Foto*), eine bis zu 2,5 m hohe männliche Sorte mit dunkelbronzefarbenen Knospen, trägt Blütenrispen im Winter – neben weiblichen Pflanzen mit roten Beeren ein wahrer Lichtblick an düsteren Wintertagen. Auch schön: **'Rubella'** 🏆. Die Unterart ***reevesiana*** ist zwittrig, trägt also Blüten und Beeren an derselben Pflanze – ideal für kleine Gärten oder Kübel (*s. S. 76*). Die männliche *S.* × ***confusa*** ›**Kew Green**‹ 🏆 hat duftende, cremefarbene Blüten. Skimmien können, wenn Äste stören, weit zurückgeschnitten werden.

*Skimmia japonica* 'Bronze Knight'

## Zenobia

Die bis zu 2 m hohe ***Zenobia pulverulenta*** (*Foto*) ist

ein ausladender Strauch mit dünnen, unregelmäßig überhängenden Zweigen. Weißer Flaum bedeckt Triebe und Blätter, der aber allmählich verschwindet. Im Hochsommer trägt sie hängende Knäuel aus bläulich weißen, Maiglöckchen ähnelnden Blüten, die besonders schön vor dem weißen Flaum der jungen Triebe wirken. Wächst am besten in neutraler bis saurer, kalkfreier Erde, die nährstoffreich und gut durchlässig sein sollte – also viel Laubkompost beim Pflanzen einbringen. Verträgt Trockenheit im Sommer. Wächst in lichtem Schatten und setzt, wenn man sie zwischen Frühlingsblühern in waldartigen Bereichen wie Rhododendren pflanzt (*s. S. 58*), frische, sommerliche Akzente. Für einen gleichmäßigen Wuchs nach der Blüte zurückschneiden.

*Zenobia pulverulenta*

## AUCH SCHÖN

***Calluna*** *(s. S. 56)*
***Carpenteria*** *(s. S. 63)*
***Ceanothus***, einige *(s. S. 60)*
***Cistus*** *(s. S. 70)*
***Daphne*** *(s. S. 53)*
***Erica*** *(s. S. 56)*
***Fatsia*** *(s. S. 64)*
***Hebe*** *(s. S. 67)*
***Kalmia*** *(s. S. 57)*
***Lavandula*** *(s. S. 53)*
***Leptospermum*** *(s. S. 68)*
***Olearia*** *(s. S. 68)*
***Phlomis*** *(s. S. 72)*
***Pieris*** *(s. S. 59)*
***Pyracantha*** *(s. S. 61)*
***Rhododendron*** *(s. S. 58)*
***Rosmarinus*** *(s. S. 72)*
***Sarcococca*** *(s. S. 54)*
***Senecio*** *(s. S. 76)*
***Vaccinium*** *(s. S. 59)*
***Vinca*** *(s. S. 65)*
***Yucca*** *(s. S. 73)*

***Abelia* × *grandiflora*** 🏆
Bis zu 3 m hoch, überhängender Wuchs, Weigelien ähnelnde Blüten (*s. S. 45*). Bedingt winterhart, braucht volle Sonne.

× ***Fatshedera*** (Efeuaralie)
Efeuaralie, Kreuzung zwischen *Fatsia* (*s. S. 64*) und *Hedera* (Efeu). Braucht ähnliche Bedingungen wie Fatsia. Verträgt Luftverschmutzung, ist geeignet für Stadtgärten mit wenig Licht. Bis zu 2 m hoch und 3 m breit.

***Viburnum*** (*s. a. S. 55*)
Zu den immergrünen Schneebällen zählen die bis zu 1,5 m hohe *V. davidii* 🏆 (*s. S. 15*) und die doppelt so große V. *tinus* (laurustinus), beide mit weißen Blütenbällen im Spätfrühling bzw. Spätwinter und blauschwarzen Beeren. Winterhart, für Sonne oder Schatten.

# DUFTENDE STRÄUCHER

## CALYCANTHUS

(Gewürzstrauch/ Kalifornischer Nelkenpfeffer)

***Calycanthus occidentalis*** hat (*Foto*) große, attraktive, spitz zulaufende Blätter mit grüner, glatter Unterseite. Der bis zu 2 m breite und hohe, sommergrüne Strauch ist sehr winterhart und liebt volle Sonne. Er blüht im Sommer und Frühherbst mit auffälligen rotbraunen, Spinnen ähnelnden Blüten. Sie duften eigenartig, aber angenehm nach reifem Obst. Zwischen den Fingern zerriebenes Laub riecht süß und würzig aromatisch, daher sein Name. Er wächst in jedem durchlässigen, guten Gartenboden. Als interessanter, aber eher unspektakulärer Strauch kommt er am besten zwischen anderen zur Geltung: Säckelblume (*s. S. 60*) und Kalifornische Orangenblume (*s. S. 62*) lieben gleiche Bedingungen.

## CHIMONANTHUS

(Wintersüß/Winterblüte)

***Chimonanthus praecox*** wird bis zu 2,5 m hoch und hat ähnliches Laub wie der zur selben Familie gehörende *Calycanthus* (*Gewürzstrauch, links*). Im Winter treiben die kleinen, spinnenartigen, cremefarbenen Blüten, mit purpurfarbenem Fleck in der Mitte an kahlen Zweigen (*s. S. 10*). Ihr Duft ist würzig süß. In kühlerem Klima brauchen sie einen geschützten, sonnigen Standort. Auch wenn sie im Winter blühen, können sie Extremfrost nicht vertragen. Der Strauch wächst in jedem wasserdurchlässigen, auch kalkhaltigen Boden. Es gibt zwei Sorten mit feineren Blüten, **'Grandiflorus'** 🏆 (*Foto*), mit größeren Blättern, und ***var. luteus*** 🏆, die später im Winter blüht, mit äußeren Blütenblättern in durchsichtigem, leichtem Gelb.

## CLETHRA

(Scheineller/ Süßpfefferbusch)

***Clethra alnifolia*** (*Foto*) wächst mehr oder weniger aufrecht bis zu 2,5 m hoch. Im Spätsommer blühen Rispen von kleinen, duftenden weißen Blüten an den neuen Triebspitzen. **'Rosea'** hat rosafarbene Blüten. Die aus China stammende ***Clethra barbinervis*** 🏆 wächst unter ähnlichen Bedingungen. Sie ist etwas prachtvoller als *C. alnifolia*, Fröste im späten Frühjahr können bei ihr jedoch größere Schäden hinterlassen. Scheineller bevorzugen sauren, feuchtigkeitsspeichernden Boden, in voller Sonne oder im Halbschatten. Da sie erst im Spätsommer am diesjährigen Holz blühen, vertragen sie einen starken Rückschnitt im Vorfrühling. Für ein kräftiges Wachstum sollten die verwelkten Teile entfernt werden.

*CALYANTHUS OCCIDENTALIS*

*CHIMONANTHUS PRAECOX* 'GRANDIFLORUS' 🏆

*CLETHRA ALNIFOLIA*

## DAPHNE

(Seidelbast)

Einige Seidelbast-Arten duften extrem süß. Viele lassen sich nur schwer vermehren und sind deshalb nicht leicht erhältlich. Auch können sie im Garten recht kapriziös sein. Die meisten lieben guten, auch salzhaltigen Boden, der lehmig und dennoch durchlässig sein muss. Nur in voller Sonne blühen sie gut. Rückschnitt nur, wenn absolut nötig. ***Daphne* × *burkwoodii*** 🏆 (*s. S. 23*), bis 1,5 m hoch, gehört zu den am leichtesten zu kultivierenden Sorten, speziell **'Somerset'** (*Foto*) und **'Carol Mackie'**, mit buntfarbenem Laub. ***D. bholua*** ist sommer- oder halbimmergrün und wird bis zu 2 m hoch. Die aufrechten Zweige tragen je nach Klima vom Winter bis Vorfrühling Trauben von angenehm duftenden weißen Blüten, in der Knospe purpurrosa. ***D. cneorum*** ist kriechend und blüht tiefrosa, ***D. collina***, ***D. retusa***, und ***D. tangutica*** 🏆 sind kleine Immergrune.

## HAMAMELIS

(Zaubernuss)

***Hamamelis intermedia* ›Jelena‹** 🏆 (*Foto*) ist eine der wunderschönen, winterblühenden Zaubernüsse, von ausladendem Wuchs, über 3 m hoch und bis zu 4 m breit. Ihre Blätter ähneln denen der Haselnuss, ihre gelben und kupferroten Blüten duften intensiv. Die Blüten mit vier fadenartigen Blütenblättern sind völlig frosthart und bedecken vom Winter bis Vorfrühling die noch kahlen Äste. Die Blätter haben oft eine attraktive Herbstfärbung. Zaubernüsse sind sehr robust. Sie bevorzugen saure bis neutrale Böden mit viel organischem Material und wachsen auch in voller Sonne, kommen aber an lichten, waldartigen Standorten am besten zur Geltung. Schnitt nur bei fehlgewachsenen Ästen, dann am besten im Vorfrühling. Wer gelbe Blüten liebt: **'Pallida'** (*s. S. 15*) ist vielleicht die schönste Zaubernuss.

## LAVANDULA

(Lavendel)

Lavendel eignet sich wunderbar für eine Randbepflanzung und als Einfassung von Kräuterbeeten. Der kleine Duftstrauch wächst auch gut im Kübel (*s. S. 76*). Die Blätter sind graugrün. Im Hochsommer sind die langen Stängel mit Trauben von blauen, lila, weißen oder rosa Blüten gekrönt. Stängel nach der Blüte stutzen, Formschnitt im Vorfrühling bis knapp über der Basis des vorjährigen Wuchses (*s. S. 35*). Die meisten sind recht robust, lieben volle Sonne und durchlässige, sandige Lehmböden, die nicht zu stark austrocknen. Arten und Sorten: ***L. angustifolia***, der klassische englische Lavendel; **'Munstead'** ist kompakt; **'Hidcote'** 🏆, wegen seiner schönen dunklen Blütenfarbe beliebt, nicht sehr widerstandsfähig; ***L.* × *intermedia* 'Grappenhall'**, groß und starkwüchsig;. ***L. stoechas*** 🏆, der Französische Lavendel (*s. S. 76*), nicht winterhart.

*DAPHNE × BURKWOODII* 'SOMERSET'

*HAMAMELIS × INTERMEDIA* 'JELENA' 🏆

*LAVANDULA ANGUSTIFOLIA; VORN:* 'NANA ALBA'

## LONICERA

(Geißblatt/ Heckenkirsche)

Die Mehrzahl der kletternden Geißblatt-Arten duften, von den strauchigen jedoch nur wenige. ***L.* × *purpusii*** ist eine Hybride aus ***L. fragrantissima*** (*Foto*) und ***L. standishii***, reichblühend und kräftig, bis 2 m hoch. Mitten im Winter erscheinen an den blattlosen Zweigen ihre kleinen, köstlich duftenden Blüten. Sie wachsen in allen gut durchlässigen, fruchtbaren Böden, in Sonne oder Halbschatten.
Andere strauchige Geißblattarten:
***L. syringatha***, mit verschlungenem Geäst, kleinen, meergrünen Blättern und fliederfarbenen Blüten im Frühling; ***L. tatarica*** duftet nicht so betörend, ist aber sehr winterhart; **'Arnold's Red'**, mit dunkelrosa Blüten und roten Beeren. Heckenkirschen nach der Blüte in Form schneiden und altes Holz entfernen.

*LONICERA FRAGRANTISSIMA*

## PHILADELPHUS

(Falscher Jasmin/ Pfeifenstrauch)

***Philadelphus*** hat eher unspektakuläres Laub, doch die Fülle von weißen Blüten im Früh- oder Hochsommer, die ihren Duft weithin verströmen, machen ihn unverzichtbar für jeden Garten. Er wächst auf durchlässigem, auch kalkhaltigem Boden, in voller Sonne oder halbschattig. Da er zum Verwildern und Verkahlen neigt: Jährlich alte Äste bis zum Boden und, wenn nötig, verblühte Zweige bis nahe an das alte Holz zurückschneiden.
Es gibt viele Hybriden:
**'Virginal'** 🏆 (*Foto*), sehr winterhart, bis 3 m hoch, mit duftenden und becherförmigen, aber gefüllten Blüten; **'Belle Etoile'** 🏆 (*s. S. 17*), mit kastanienbraunen Tupfen im Blütenzentrum; **'Minnesota Snowflake'**, sehr winterhart. ***P. coronarius* 'Aureus'** 🏆 hat goldfarbene Blätter, am besten im Schatten; **'Variegatus'** 🏆 hat weißrandiges Laub.

*PHILADELPHUS* 'VIRGINAL' 🏆

## SARCOCOCCA

(Fleisch-/Scheinbeere)

***Sarcococca confusa*** 🏆 (*Foto*) ist ein wahres Weihnachtsgeschenk,

ein attraktives Immergrün bis 1 m Höhe. Die kleinen cremefarbenen Blüten verstecken sich fast im Laub und verströmen mitten im Winter den betörendsten Duft. Die schmalen, spitzen, glänzenden Blätter machen ihn zu einem hübschen Busch. Wächst am besten halbschattig in allen durchlässigen Böden, sauren oder kalkhaltigen, sogar trockenen, wenn die Pflanze eingewachsen ist. Scheinbeeren eignen sich gut als lockere, niedrige Hecke. Dann im Vorfrühling in Form schneiden. In kalten Lagen sind sie nicht völlig winterhart. ***S. hookeriana*** 🏆 wächst aufrechter und schmaler, ***var. humilis*** ist niedriger; **'Purple Stem'** hat dunkel getönte junge Triebe, ***S. ruscifolia*** wächst höher, ist aber nicht so winterhart.

*SARCOCOCCA CONFUSA* 🏆

## SYRINGA

(Flieder)

Der gewöhnliche Gartenflieder ist ein großer Strauch, fast schon ein kleiner Baum, bis 6 m hoch. Die dichten, süß duftenden Blütenrispen erscheinen im Frühling. Flieder ist winterhart und wächst in fast allen, auch kalkhaltigen Böden. Er blüht am üppigsten in voller Sonne. Gleich nach der Blüte die verwelkten Blütenstände ab- und altes Holz herausschneiden. Zur Verjüngung bis auf einen Stumpf zurückschneiden. Er schlägt danach stark aus, blüht aber vielleicht erst wieder nach 1–2 Jahren. Die Blütenfarben reichen von Reinweiß über Creme und klassisches Lila bis zu tiefdunklem Violett. **'Madame Lemoine'** 🏆 (*Foto*), **'Katherine Havemeyer'** 🏆 (lavendelfarben), **'Charles Joly'** (purpurrot) und **'Primrose'** (primelgelb) gehören zu den beliebtesten. Für kleinere Gärten: ***S.* × *persica*** 🏆, ***S. pubescens* subsp. *microphylla*** oder ***S. meyeri*** **'Palibin'** 🏆.

*SYRINGA VULGARIS*
'MADAME LEMOINE' 🏆

## VIBURNUM

(Schneeball)

Die duftenden Schneeball-Sorten sind prachtvolle Gartenpflanzen. ***V.* × *bodnantense*** **'Dawn'** 🏆 (*Foto*), ein hübscher, aufrechter Strauch, kann schon vor Weihnachten bis in den März hinein blühen. Bis 3 m hoch, ausgewachsen mit überhängenden Ästen und vielen Büscheln süß duftender, kleiner, hellrosa Blüten am alten Holz. Die Knospen sind bemerkenswert frosthart, und wenn doch geschädigt, wachsen neue nach. Ein Elternteil, ***V. farreri*** 🏆, ist sehr ähnlich, hat aber kleinere Blüten. ***V.* × *burkwoodii*** ist halbimmergrün, mit glänzenden Blättern und erst rosa, dann weißen Blüten im Vorfrühling. ***V. carlesii***, ***V.* × *juddii*** 🏆 und ***V. bitchiuense*** blühen etwas später mit einem Duft, der an altmodische Nelken erinnert. Alle sind winterhart und wachsen in fast allen guten Böden, in der Sonne oder im Halbschatten.

*VIBURNUM* × *BODNANTENSE*
'DAWN' 🏆

## WEITERE SORTEN

### DUFTENDE BLÜTEN

***Abelia* × *grandiflora*** 🏆 (s. S. 51)

***Berberis darwinii*** 🏆, ***B.* × *stenophylla*** 🏆 *(s. S. 46)*

***Buddleja davidii*** *(s. S. 40)* oder die ungewöhnlichere ***B. globosa,*** 🏆 mit orangegelber, honigsüßer Blütenfülle. Anders als bei *B. davidii* kein starker Rückschnitt.

***Choisya ternata*** 🏆 *(s. S. 47)*

***Cytisus battandieri*** 🏆, ***C.* × *praecox*** *(s. S. 71)*

***Elaeagnus angustifolia*** *(s. S. 74)*, ***E.* × *ebbingei*** *(s. S. 47)*

***Erica arborea*** *(s. S. 59)*

***Itea ilicifolia*** 🏆 *(s. S. 49)*

***Magnolia grandiflora*** *(s. S. 61)*

***Mahonia*** *(s. S. 49)*

***Osmanthus*** *(s. S. 50)*

***Ozothamnus ledifolius*** 🏆 *(s. S. 50)*

***Perovskia atriplicifolia*** *(s. S. 72)*

***Prunus mume*** *(s. S. 43)*

***Rhododendron*** *(s. S. 58):* sommergrüne Azaleen wie *R. luteum* 🏆, *R. viscosum* 🏆 einschließlich der Exbury-Sorten; duftende Immergrüne wie 'King George' aus der Loderi-Gruppe und Hybriden wie *R. decorum.*

***Ribes odoratum*** *(s. S. 44)*

***Skimmia japonica*** **'Fragrans'** 🏆 *(s. S. 51)*

***Spartium junceum*** 🏆 *(s. S. 69)*

### DUFTENDES LAUB

***Cistus ladanifer*** 🏆, ***C.* × *cyprius*** 🏆 *(s. S. 70)*

***Escallonia*** *(s. S. 48)*

***Rosmarinus officinalis*** *(s. S. 72)*

***Santolina chamaecyparissus*** 🏆 *(s. S. 73)*

# Sträucher für saure Böden

## Calluna

(Besenheide)

Die einzige Art dieser Gattung ist ein dichter, immergrüner, bodendeckender Zwergstrauch, dessen dünne Äste im Spätsommer mit winzigen Glöckchenblüten überzogen sind. Wächst in sauren, gut durchlässigen, leichten Böden, in fruchtbaren starkwüchsig, in mageren Böden wird sie kompakter. Ist nützlicher Lückenfüller, am besten in voller Sonne. In sandigen Böden wurzeln die abgesenkten Zweige gut durch und geben Böschungen und Hängen Halt. Gut geeignet für Pflanzkübel. Rückschnitt erst im Vorfrühling. Es gibt eine große Auswahl von weiß, rot oder lila blühenden Sorten, viele mit leuchtendem Laub in Gold, Silber oder Rotbronze. Letztere sorgen für besonders stimmungsvolle Winterfreuden.

*Calluna vulgaris* 'Anthony Davis' ♀

## Corylopsis

(Scheinhasel)

Die einzige Scheinhasel, die in kalkhaltigen Böden überhaupt nicht wächst, die immergrüne ***C. pauciflora*** ♀ (*Foto*), ist ausgerechnet eine der schönsten – dicht verästelt, bis 2 m hoch, mit dünnen Zweigen, für Halbschatten oder waldartige Anlagen. Die Blätter sind haselähnlich und rosarot beim Austrieb im Frühling. Noch früher erscheinen die kätzchenähnlichen Blüten in einem hübschen Primelgelb und mit leichtem Duft. Blüten und junge Triebe sind frostanfällig, obwohl die Pflanze selbst recht winterhart ist. Neuer Austrieb verbrennt leicht in heißer Sonne. Rückschnitt ist nicht nötig, wenn den Sträuchern genügend Raum zur Entfaltung ihres anmutigen Wuchses gegeben wird. ***C. glabrescens*** und ***C. sinensis*** sind breitwüchsiger. Das junge Blattlaub von **'Spring Purple'** ist kupferrot.

*Corylopsis pauciflora* ♀

## Enkianthus

(Prachtglocke)

***Enkianthus campanulatus*** ♀ (*Foto*), die Prachtglocke, ist ein auffallender, sommergrüner, winterharter Strauch, bis 3 m hoch, mit aufrecht wachsenden Ästen und quirlständig angeordneten Blättern, die sich im Herbst außergewöhnlich schön verfärben. Eine hübsche Pflanze zwischen anderen Gehölzen wie Scheinhasel, Magnolien und Kamelien. Wächst in feuchtigkeitsspeichernden, humusreichen Böden unter Bäumen oder, in kühleren Lagen, in voller Sonne. Die glockenförmigen Blüten in hängenden Trauben wachsen im Frühsommer aus dem vorjährigen Holz inmitten des sich ebenfalls entfaltenden Laubes. Die Blütenfarbe variiert zwischen grünlich weiß und dunkelbronze. Rückschnitt nur, wenn totes Holz entfernt werden muss.

*Enkianthus campanulatus* ♀

## Erica

(Heide/Heidekraut)

Erika steht als Synonym für Heide und Heidekrautgewächse (Ericaceae) und zugleich für die Pflanzengruppe, die überwiegend saure Böden bevorzugt bzw. kalkhaltige Böden flieht. ***Erica carnea***, Schneeheide, ist die bekannteste, ein immergrüner Zwergstrauch mit rosaroten Blüten im Spätwinter und Vorfrühling, der bald einen dichten Teppich bildet. Wächst am besten in voller Sonne oder Halbschatten in leichten sauren, auch neutralen Böden mit reichlich Laubkompost und anderem organischen Material. Zahllose Sorten, zwei sind besonders beliebt: **'Springwood White'** 🏆 und **'Springwood Pink'**. **'Vivellii'** 🏆 (*Foto*), übersät mit zahllosen karminroten Blüten, mit winzigen grünen Blättern, die im Winter ein hübsches Bronzerot annehmen. ***Erica cinerea***, Grauheide, und ***E. vagans*** sind kalkfliehend. Gut geeignet als Unterpflanzung.

## Fothergilla

(Federbuschstrauch)

***Fothergilla major*** 🏆 (*Foto*), ein langsam wachsender, rundlicher Strauch, bis 2,5 m hoch, hat abgerundete haselähnliche Blätter, die im Herbst eine auffällig rotgelbe Farbe annehmen. Zusammen mit der Zaubernuss (*Hamamelis*), die zur gleichen Familie gehört, sorgt der Federbuschstrauch für die schönsten Laubfarben in Heidegärten. Kombiniert man beide mit der Prachtglocke und japanischem Ahorn, kann dieser Herbstgarten den Frühlingsgarten an Farben übertreffen. Fothergilla hat weiße, flaschenbürstenähnliche Blütenähren, kurz bevor die Blätter im Frühling erscheinen. Sehr winterhart, wächst am besten in feuchten, torfhaltigen, sauren Böden. Der von Natur aus formschöne Strauch muss nicht zurückgeschnitten werden. ***F. gardenii*** ist kleiner, nur bis 1 m hoch, mit ähnlichen, aber duftenden Blüten.

## Kalmia

(Berglorbeer)

Der Berglorbeer kann im heimischen Nordamerika bis zu 10 m erreichen, in Nordeuropa und anderen Regionen mit kühlen Sommern wird ***Kalmia latifolia*** 🏆 (*Foto*) nur 3–4 m hoch. Im Frühsommer überkrönen Trauben von wunderschönen, sternförmigen rosa Knospen die kräftigen, lorbeerähnlichen Blätter wie Zuckerguss einen Kuchen und öffnen sich dann zu kelchförmigen weißen Blüten mit roten Tupfen. Manchmal dauert es etwas, bis sich die Kalmia zu Hause fühlt. Wächst am besten in voller Sonne, blüht in Lagen mit langen heißen Sommern auch im Schatten gut, immer in sauren, feuchtigkeitsspeichernden Böden, nur im Spätsommer auch unter trockenen Bedingungen. Formschnitt nach der Blüte, sonst nicht nötig. Kräftigere Blütenfarben hat **'Clementine Churchill'**: fast rot; **'Freckles'** hat ausgeprägtere Tupfen.

*ERICA CARNEA* 'VIVELLII' 🏆

*FOTHERGILLA MAJOR* 🏆

*KALMIA LATIFOLIA* 🏆

## RHODODENDREN/AZALEEN

Die sehr große Gattung der Rhododendren schließt die gemeinhin als Azaleen benannten Pflanzen mit ein. Es gibt Hunderte von Arten und Tausende von Hybriden, die meist immergrün, in den unterschiedlichsten Größen, doch zumeist von buschigem Wuchs sind.

Im Allgemeinen wachsen sie am besten in sauren Böden mit reichlich untergemengtem organischem Material. Ihr faseriges Wurzelsystem profitiert von einer Mulchdecke aus verrotteten Blättern oder Torf-Substrat. Keinen Pilzkompost dazugeben – er enthält Kalk. Eine Mulchdecke hält die von den Pflanzen gebrauchte Feuchtigkeit. ***R. viscosum*** 🏆 wächst sogar im Moor. Manche vertragen ein gewisses Maß an Wind und voller Sonne, für andere – insbesondere die großblättrigen Typen – ist der Schatten von tiefwurzelnden Bäumen ideal.

Nicht alle brauchen den gleichen Rückschnitt: Viele benötigen keinen Schnitt, sollten jedoch für eine bessere Blüte im kommenden Jahr ausgeputzt werden. Einige, wie die winterharten Hybriden (*Fotos*), können nach der Blüte stark zurückgeschnitten werden, falls notwendig. Azaleen nach der Blüte in Form stutzen. Manche Rhododendronarten vertragen überhaupt keinen Rückschnitt, besonders nicht die mit weicher, sich schälender Rinde.

### Immergrüne Rhododendren

Dazu gehören auf Grund der Empfehlungen und Auswahl von peniblen Sammlern der blau blühende ***R. augustinii***, ***R. auriculatum***, mit betörend duftenden weißen Blüten, und der großblättrige, cremefarben blühende ***R. sinogrande*** 🏆. ***R. catawbiense*** und ***R. ponticum*** sind beide extrem robuste Arten, sie gehören zu den Hybriden, die sich »wirklich winterhart« nennen dürfen, mit einer Fülle von Farben: die rosarote **'Cynthia'** 🏆, die dunkelrote **'Lord Roberts'**, die rosa **'Pink Pearl'** oder die satt-purpurfarbene **'Purple Splendour'** 🏆. **'Mrs. G. W. Leak'** blüht rosa mit dunkler Zeichnung, **'Sappho'** 🏆, mit violetten Knospen, weiß mit dunklem Zentrum.

### Zwerg-Hybriden

Viele stammen von Steingarten-Arten, ab wie die blaue ***R. impeditum*** 🏆 oder die rosafarbene ***R. williamsianum*** 🏆. Die meisten sind kleinblättrig. **'Blue Diamond'** (*unten links*) ist leicht zu kultivieren, bis 1,5 m hoch. **'Elizabeth'** (*Mitte*) gehört zu den feinen roten, mit abgestuften Zweigen. Die weiße ***R. yakushimanum*** mit weiß-filzigem jungen Austrieb begründete die Gruppe einer neuen, sehr winterharten Zwerg-Hybride (*s. S. 77*) – perfekte rundliche Sträucher, meist weiß blühend, mit rosa Knospen.

### Sommergrüne Azaleen

Wunderschöne Pflanzen, häufig duftend, mit schöner Herbstfärbung. ***R. luteum*** 🏆 hat gelbe Blüten, die von ***R. molle*** sind orangerot, und die von ***R. viscosum*** 🏆 sind rosa-weiß gefleckt. Daneben gibt es viele Hybriden wie z.B. die **Exbury**- und **Ghent**-Gruppe.

### Immergrüne Azaleen

Sehr beliebt sind die Topf- und Zimmerpflanzen mit einer Fülle von Blüten, die auch besonders für Pflanzkübel geeignet sind (*s. S. 77*).

*RHODODENDRON* 'BLUE DIAMOND'

*RHODODENDRON* 'ELIZABETH'

*RHODODENDRON* 'SAPPHO' 🏆

## Pieris

(Lavendelheide)

Lavendelheide ist eine winterharte Immergrüne mit dichtem Wuchs und attraktiven dunklen, schmalen Blättern. Besonders schön: **'Variegata'**, mit cremefarben umrandeten Blättern; als kleinere Art auch gut als Kübelpflanze (*s. S. 76*). Die maiglöckchenähnlichen Blütenrispen, meistens weiß, aber rosafarben bei ***P.* 'Flamingo'**, bilden sich im Herbst aus und öffnen sich, je nach Wetter, im Spätwinter oder Vorfrühling. Blätter und Blüten sind durch späte Fröste gefährdet, obwohl die Pflanze selbst winterhart ist. Deshalb an windgeschützte Stellen und nicht in Frostsenken pflanzen. Wächst am besten in sauren Böden mit viel organischem Dünger, in voller Sonne oder im Halbschatten. Manche haben leuchtend rotes junges Laub wie **'Forest Flame'** 🏆 (*s. S. 16*) oder ***P. formosa var. forrestii* 'Wakehurst'** 🏆. Ist weniger winterhart im Vergleich zu *P. japonica* mit rosafarbenen Trieben.

*Pieris formosa var. forrestii*

## Vaccinium

(Preiselbeere)

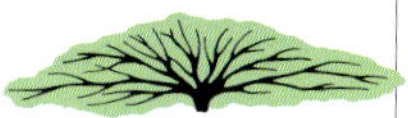

Die Preiselbeere, ***V. vitis-idaea*** (*Foto*), ist die bekannteste Art für den Garten, ein kriechender Zwerg-Immergrün mit bodendeckenden Eigenschaften. Die kleinen, myrtenähnlichen Blätter sind dunkel, grün glänzend oben und blasser unterseits. Die Blüten stehen als Trauben winziger weißer Glöckchen an den Zweigenden im Frühsommer. Dunkelrote Beeren im Herbst. Vaccinium umfasst viele beliebte, fruchttragende Sträucher wie Heidelbeere und Moosbeere. Wachsen am besten in feuchten sauren Böden, manche sogar im Torfmoor. Sie vertragen etwas Schatten. ***V. corymbosum*** 🏆 ist ein sommergrüner Strauch mit schöner Herbstfärbung, der oft auf einen einzigen kurzen Stamm getrimmt wird, um einen Busch zu bilden. Rückschnitt hier nach der Blüte. Vorsicht: Nicht die potentielle Fruchtbildung wegschneiden!

*Vaccinium vitis-idaea* subsp. *minus*

## Weitere Sorten

***Amelanchier*** *(s. S. 66)*
***Clethra*** *(s. S. 52)*
***Colutea arborescens*** *(s. S. 67)*
***Fatsia japonica*** 🏆 *(s. S. 64)*
***Hamamelis*** *(s. S. 53)*
***Hydrangea macrophylla, H. quercifolia*** 🏆 *(s. S. 42 und 64)*
***Magnolia*** viele Sorten *(s. S. 61)*
***Skimmia*** *(s. S. 51)*

***Erica arborea*** (Baumheide)
Die Baumheide gleicht im Laub und in den Blüten den anderen Ericas, (*s. S. 57*) ist aber sehr viel größer, bis zu 6 m hoch, und entwickelt dicke, holzige Äste. Die weißen Frühlingsblüten wachsen in duftenden Zapfen auf grünen, aufrechten Trieben. Im Unterschied zu kleinen Heidearten kann die Baumheide nach der Blüte stark zurückgeschnitten werden, falls notwendig.

***Arctostaphylos uva-ursi*** (Bärenbeere)
Die rote Bärenbeere, nahe mit Vaccinum (*links*) verwandt, ist ein weiteres niedrig wachsendes Immergrün, ein attraktiver Bodendecker selbst auf sandigen, trockenen Böden. Sie hat kleine weiße Blüten und rote Beeren.

Folgende Pflanzen vertragen einen pH-Wert von über 5,5:
***Cotoneaster*** *(s. S. 47 u. 60)*
***Cytisus*** *(s. S. 71)*
***Elaeagnus*** *(s. S. 47)*
***Hypericum*** *(s. S. 49)*
***Philadelphus*** *(s. S. 54)*
***Pyracantha*** *(s. S. 61)*
***Syringa*** *(s. S. 55)*
***Viburnum*** *(s. S. 45 u. 55)*
***Weigela*** *(s. S. 45)*

# STRÄUCHER AN WÄNDEN

## CEANOTHUS

(Kalifornischer Flieder/ Säckelblume)

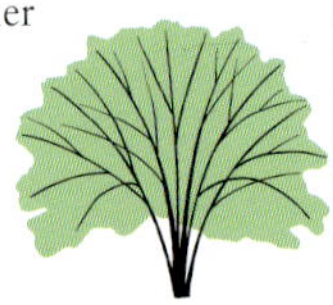

Der meist 3 bis 4 m hohe, immergrüne Strauch ist entweder von aufrechtem oder flachem und breitem Wuchs. Er blüht meist blau und gehört zu den besten Mauerpflanzen für Gegenden ohne strenge Winter. Die kleinen immergrünen Blätter sitzen nahe am Stiel. Darüber erheben sich kleine Dolden aus winzigen Blüten, in einem besonders intensiven Dunkelblau bei **'Concha'** (*Foto*). Andere schöne blaue Arten sind C. × ***veitchianus***, **'Trewithen Blue'** 🏆, **'Millerton Point'**, **'Yankee Point'** und **'Cascade'** 🏆. **'Snow Flurries'** trägt weiße Blüten. Wird sie ohne Erziehung kultiviert, braucht die Säckelblume viel Platz und einen starken Halt für ihr Gewicht. Nach der Blüte Verwelktes entfernen.

## CHAENOMELES

(Japonica/Zierquitten)

Diese Sträucher sind beliebte Mauerpflanzen und wachsen selbst in sehr kalten Gärten. Die ***C.-speciosa***-Sorten, kräftige, bis zu 2,5 m hohe Sträucher, sind am besten geeignet, um an einer Wand oder Mauer hochgezogen zu werden. Die Art trägt im späten Winter und Vorfrühling kleine becherförmige, rote Blüten. Es gibt auch noch andere Farben: **'Moerloosei'** (*Foto*) 🏆 z. B. (oft unter dem Namen **'Apple Blossom'** erhältlich) hat besonders hübsche, außen weiße und innen tiefrosa Blüten. Die Blüten wachsen am vorjährigem Holz. An der Wand gezogene Pflanzen zwei Mal jährlich zurückschneiden, um die Ausbildung von Blütentrieben an den Hauptästen nahe der Wand zu fördern (*s. S. 37*).

## COTONEASTER

(Zwergmispeln)

Die kleinblättrigen Zwergmispeln wie ***C. horizontalis*** 🏆 und ***C. divaricatus*** (*Foto und S. 21*), deren breit abstehende Zweige ihnen ein flaches fächerförmiges oder »grätenähnliches« Aussehen geben, sind niedrig wachsende Sträucher. Sie werden oft als Bodendecker geschätzt, eignen sich aber auch hervorragend dazu, an einer Mauer hochgezogen zu werden. Wachsen an sonnigen und schattigen Standorten, in jedem Klima und den meisten Böden. Nur leicht zurückschneiden, dafür Kletterhilfe geben und die Zweige so führen, dass sie schön flach an der Wand anliegen, wo sie 2 bis 3 m hoch wachsen können. Die rosa Knospen öffnen sich im Frühling zu kleinen weißen Blüten, denen im Herbst rote Beeren folgen.

*CEANOTHUS* ›CONCHA‹

*CHAENOMELES SPECIOSA* 'MOERLOOSEI' 🏆

COTONEASTER *DIVARICATUS*

## MAGNOLIA
(Magnolien)

***Magnolia grandiflora*** benötigt für Wachstum und Blüte weniger Zeit als andere Magnolien. In manchen Gegenden der Welt wächst dieser prächtige immergrüne Strauch zu Baumgröße heran, in den meisten Gärten aber wird er als großer Strauch oder an einer Hauswand gezogen, wo er in kälteren Lagen Schutz und Wärme findet. Die Blüten im Spätsommer und Herbst sind atemberaubend: groß, cremefarben und von betörendem Wohlgeruch – der Duft einer einzelnen Blüte kann einen ganzen Raum füllen. Die Mangolie hat schöne große, glänzend grüne Blätter, kürzer und breiter bei **'Goliath'** ♀ (*Foto*), schmaler bei **'Exmouth'** ♀ und an der Unterseite rostfarben behaart bei **'Ferruginea'**. Die Hybride **M. 'Maryland'** hat kleinere Blüten, ist jedoch robuster. Magnolien wachsen in fast allen nährstoffreichen, auch leicht lehmigen Böden.

*MAGNOLIA GRANDIFLORA* 'GOLIATH' ♀

## PYRACANTHA
(Feuerdorn)

Dieser nützliche Strauch wächst problemlos in den meisten Böden, in der Sonne und im Schatten, und eignet sich besonders für eine Wandbepflanzung, da er für einen dichten Wuchs zurückgeschnitten werden kann und trotzdem gut blüht. Er kann deshalb auch zu einer undurchdringlichen Blütenhecke gezogen werden. Sommergrün, mit dornigen Zweigen und Trauben schöngefärbter Beeren im Herbst. Im Frühling Doldenrispen voller weißer Blüten. Der große Strauch, frei stehend bis zu 5 m hoch, braucht als Mauerpflanze kräftigen Halt, z. B. ein Holzspalier. Die jungen, biegsamen Zweige können an horizontalen Latten um Fenster und Türen geführt werden.

Gut für eine Wand:
***P.* 'Watereri'** ♀ (*Foto*), kompakt; ***P. rogersiana*** ♀ und, aufrecht wachsend, **'Teton'**.

*PYRACANTHA* 'WATERERI' ♀

## ZU EMPFEHLEN

***Chimonanthus*** *(s. S. 52)*

***Cotoneaster conspicuus*** **'Decorus'** ♀, ***C. microphyllus*** ♀ *(s. S. 48)* Muss regelmäßig festgebunden werden für flachen und dichten Wuchs. Großblättrige Sorten wie ***C.* × *watereri*** sind nicht geeignet.

***Forsythia suspensa*** ♀ *(s. S. 41)*

***Fuchsia magellanica*** *(s. S. 41)*

***Garrya*** *(s. S. 48)*

***Itea ilicifolia*** ♀ *(s. S. 49)*

***Olearia macrodonta*** ♀ *(s. S. 68)*

***Prunus cistena, P. mume, P. triloba*** *(s. S. 43)*

***Stachyurus*** *(s. S. 65)*; besonders hübsch: **'Magpie'**

***Viburnum macrocephalum*** *(s. S. 45)*

Alternativen zum Sommerflieder, *Buddleja davidii* (*s. S. 40*), ideal als Wandbepflanzung:

*Buddleja crispa*, bis zu 2 m hoch, sieht ähnlich aus, ist aber weniger robust, dafür graziler ausgebildete Blüten und Blätter. Mit ihren weißfilzigen Zweigen und Blättern und ihren dunkelrosa Blüten ein idealer Hintergrund für eine Bepflanzung in weißen oder silbrigen Tönen;

*Buddleja* × *colvilei* 'Kewensis', mit 4 m Höhe viel größer, lang herabhängende, duftende rosarote Blütenrispen im Frühling.

Beide mögen Sonne und durchlässige Böden. Anders als *B. davidii* nicht zu stark beschneiden: *B. crispa* nur leicht im Frühling, 'Kewensis' nach der Blüte.

# Mauerpflanzen für mildes Klima

## Abutilon

(Schönmalve)

Die Schönmalve kann als frei stehender Busch nur in sehr milden Gegenden gezogen werden, in kalten Lagen ist sie nicht winterhart. Die dünnen Zweige knicken leicht um, das Festbinden an einem Spalier gibt Halt und sorgt überdies für Schutz und abstrahlende Wärme. ***A. megapotamicum*** 🏆 (*Foto*), bis zu 2,5 m hoch, hat schmale, keilförmige dunkelgrüne Blätter, bei **'Variegatum'** sind sie cremeweiß gescheckt. Wächst am besten in gut humos-lehmigen Böden in direkter Sonne. In milden Lagen kann die Schönmalve zu fast jeder Jahreszeit in Blüte stehen, meistens blüht sie aber im Sommer und Herbst. Auch wenn ihre Blüten selbst nicht besonders aufregend sind, entsteht durch die Fülle der rotgelben Blüten ein auffallendes, faszinierendes Bild.

*ABUTILON MEGAPOTAMICUM* 🏆

## Azara

Die große, immergrüne ***Azara integrifolia*** (*Foto*) kann in kühlen Lagen im Schutz einer Wand gezogen werden. Die 3 bis 4 m hohe ***A. microphylla*** 🏆 ist widerstandsfähiger, hat sehr kleine Blätter und einen steif-aufrechten Wuchs. Von beiden sowie von ***A. integrifolia*** gibt es Arten mit geflammten Blättern, alle tragen gelbe Blüten. Die Blätter sind oval und dunkelgrün, die Blüten kleine, süß duftende Quasten voll gelber Staubgefäße, die sich im Frühling öffnen. Azaras haben meist einen starken, zentralen Stamm, fast wie ein kleiner Baum, können jedoch für einen dichteren Wuchs beschnitten werden. Die Sträucher wachsen in den meisten durchlässigen Böden und vertragen nach dem Einwachsen auch trockene Bedingungen.

*AZARA INTEGRIFOLIA*

## Carpenteria

(Kalifornische Orangenblüte)

***Carpenteria californica*** 🏆 (*Foto*) ist ein runder, immergrüner Strauch, der nur in wärmeren Gebieten winterhart ist. Das Laub benötigt nicht nur die Wärme einer Wand, sondern zusätzlichen Schutz vor kaltem Wind, damit es nicht beschädigt und unansehnlich wird. Die während des Sommers in Trauben stehenden Blüten ähneln denen ihres nahen Verwandten Falscher Jasmin (*Philadelphus*). Züchtungen mit Namen wie **'Ladhams'** und **'Variety'** haben zuverlässige schöne, große Blüten. Die Orangenblüte hat überdies eine attraktive, sich abschälende Rinde. Ob frei stehend (bis etwa 5 m hoch) oder locker an einer Wand befestigt, wächst der Strauch in fast allen gut durchlässigen Böden, besonders an einem sonnigen Standort.

*CARPENTERIA CALIFORNICA* 🏆

## Coronilla

(Kronwicke)

Die auch als Kronwicke bekannte *Coronilla emerus* (*Foto*) gehört zu den sommergrünen Schmetterlingsblütlern. Sie benötigt einen geschützten Platz in voller Sonne. Ihr Laubwerk besteht aus winzigen runden Blättchen; den Sommer über ist sie mit kleinen gelben, an der Spitze rostroten Wickenblüten übersät. Daraus entwickeln sich lange, dünne, wie ein Skorpionstachel geformte Samenschoten. Wächst bis zu 2 m hoch und breit dickichtähnlich heran. Kann locker an einer Wand eingebunden werden, um sie in die Höhe zu ziehen und kompakter wachsen zu lassen und ihr zusätzliche Wärme zu geben. Im Vorfrühling in Form schneiden. In milderen Lagen wächst die noch attraktivere, aber empfindlichere *C. valentina* **'Variegata'** mit hübschen blaugrünen, cremefarben geränderten Blättern.

CORONILLA EMERUS

## Fremontodendron

Fremontodendren sind immergrüne, oft halbimmergrüne, schnell wachsende Sträucher für geschützte und warme Gärten und können leicht an einer Wand gezogen werden. Beim Arbeiten Handschuhe tragen; der haarige Bewuchs kann zu Hautreizungen führen. Der Bewuchs wird regelmäßig abgeworfen, deshalb auch bei der Arbeit rund um den Strauch aufpassen. Sehr beliebt: **'California Glory'** 🏆 (*Foto*), bis zu 7 m hoch, besonders in der Blüte spektakulär, von Frühsommer bis in den Herbst mit großen, gelben, becherförmigen Blüten bedeckt. Fremontondendren sind anspruchslos, was den Boden betrifft, solange er durchlässig ist. Umpflanzen bekommt ihnen nicht, daher am besten ein kleines Exemplar pflanzen, das nach dem Einwachsen schnell in die Höhe schießt. Für buschigeren Wuchs die Triebspitzen zurückschneiden.

*FREMONTODENDRON*
'CALIFORNIA GLORY' 🏆

## AUCH GUT

Auch diese Sträucher nur in mildem Klima oder an sehr geschützten Plätzen wie einer sonnigen Hauswand oder in einem Gartenhof pflanzen. In kalten Lagen eignen sie sich gut für den Wintergarten.

***Callistemon*** *(s. S. 46)*
***Grevillea*** *(s. S. 48)*

***Acacia dealbata*** (Mimose) 🏆
Sie kann in warmen, geschützten Gärten bis zu 30 m hoch werden, lohnenswert auch in milden Lagen im Schutz einer Wand. Hat im Vorfrühling duftige Sträußchen kleiner gelber, wohlriechender Blüten. Auch wenn die Blüten mal ausbleiben, ist er ein schöner Strauch schon wegen seiner gefiederten, graublauen Blätter. ***A. baileyana*** 🏆 ist kleiner, ähnlich empfindlich, mit leicht purpur-rötlichem Laub.

***Piptanthus nepalensis***
Ein kräftiger, halb-immergrüner, bis zu 4 m hoher Strauch mit dunkelgrünen dreilappigen Blättern und hellgelben Blütenähren im Frühsommer. Wächst in allen fruchtbaren Böden an vollsonnigem Standort in wärmeren Jahren oder im Schutz einer Mauer. Blüht auf den Vorjahrestrieben, deshalb nach der Blüte zurückschneiden.

***Plumbago auriculata***
(Bleiwurz) 🏆
Bleiwurz ist ein sich stark ausbreitender sommergrüner Strauch, der Halt benötigt. Mit einer Fülle von hübschen hellblauen Blüten im Sommer. Erreicht vor einer Mauer eine Höhe von 4–5 m, im Kübel in direkter Sonne ca. 1 m.

# STRÄUCHER FÜR SCHATTENPLÄTZE

## CAMELLIA

(Kamelie)

***Camellia* × *williamsii*** hat viele gute Eigenschaften: Sie ist winterhärter als *C. japonica* (*s. S. 46*), hat jedoch kleinere, spitzere immergrüne Blätter und ist von eher lockerem Wuchs. Die Blüten öffnen sich nacheinander über einen längeren Zeitraum. Die Knospen sind empfindlich gegen Spätfrost, in kalten Lagen deshalb einen schattigen Standort geben, um sie vor zu raschem Auftauen durch die Morgensonne zu schützen. Bei mildem Wetter blüht sie schon früh im Winter, sonst erst im Vorfrühling. Kamelien wachsen am besten in sauren Böden mit viel Laubkompost. In lichtem Schatten oder vor einer Mauer können sie bis 3 m hoch werden. Die schönsten sind **›Donation‹** 🏆 (Blüten silbrig rosa, halbgefüllt), **'J. C. Williams'** 🏆 (zartrosa) und **'Francis Hanger'** (*Foto*).

*CAMELLIA × WILLIAMSII*
'FRANCIS HANGER'

## FATSIA

(Zimmeraralie)

Die Zimmeraralie, ***Fatsia japonica*** 🏆, wird hauptsächlich wegen ihrer riesigen, ledrigen, gelappten Blätter kultiviert. Verwandt mit dem Efeu, trägt sie im Herbst efeuähnelnde, Trommelschlegeln gleichende, grünlich cremeweiße Blütendolden (*Foto*). Sie frieren bei Frost leicht ab; bleiben sie aber unbeschadet, folgen ihnen große Büschel schwarzer Beeren nach. Fatsias brauchen auch in den wärmsten Lagen einen geschützten Platz. Sie wachsen in fast allen Böden und, wie der Efeu, in tiefem Schatten bis 3 m hoch. Der imposante Strauch erweckt den Eindruck eines subtropischen Ambientes und passt vorzüglich zu Bambus und Baumfarn, die auch gut an einem feucht-schattigen Platz wachsen. **'Variegata'** 🏆 hat cremeweiß gezeichnete Blätter.

*FATSIA JAPONICA* 🏆

## HYDRANGEA

(Hortensie)

Alle Hortensien wachsen auch im Schatten (*s. auch S. 42*), einige jedoch besonders gern – wie ***H. aspera*** –, und die wunderschöne **Villosa-Gruppe** 🏆 (*Foto*) hat die hübschesten Blüten, dazu große samtene Blätter und eine sich schälende, graubraune, papierne Rinde. Wie ein Spitzenhäubchen umrahmen rosa-fliederfarbene Einzelblüten die flachen Doldenrispen aus winzigen, lilablauen Blütchen. Treibt, wenn ihre Knospen durch späte Frühlingsfröste gelitten haben, neu aus und hat im Spätsommer eine zweite Saison. Wächst am besten in allen guten, kalten Böden bis 4 m in die Höhe und oft noch mehr in die Breite. Wenn nötig, im Spätwinter stark zurückschneiden. Kleiner, bis ca. 2 m hoch, ist ***H. quercifolia*** 🏆, mit großen, weißen Blütenrispen. Die Blätter haben eine schöne Herbstfärbung.

*HYDRANGEA ASPERA*
VILLOSA-GRUPPE 🏆

## STACHYURUS

***Stachyurus praecox*** (*Foto*) ist ein eleganter, ziemlich aufrechter, sommergrüner Strauch, bis 2,5 m hoch, mit tiefweinroten Zweigen. Sie bilden einen schönen Kontrast zu den kleinen, rundlichen blassgelben Blüten, die im Spätwinter wie Kätzchen von den blattlosen Zweigen herunterhängen. Der Strauch wächst am besten in allen kalkfreien Böden. An einem schattigen Platz werden die frühen Blüten und Blätter am besten geschützt. Ein Rückschnitt ist normalerweise nicht nötig, es sei denn, um störende oder alte, verholzte Äste zu entfernen. Dann am besten gleich nach der Blüte im Vorfrühling schneiden. ***S. chinensis*** ist ähnlich, hat aber keine roten Zweige, und die Blütentrauben sind etwas länger. Die wunderschöne panaschierte **'Magpie'** hat cremeweiß marmorierte Blätter mit rosafarbenem Rand.

*STACHYURUS PRAECOX* 🏆

## VINCA

(Immergrün)

Das Immergrün mit seinen durchdringend blauen Blüten ist ein kriechender Strauch, dessen niederliegende Triebe wurzeln, wenn sie den Boden berühren, und der deshalb rasch einen bodendeckenden Pflanzteppich bildet. Die Blüten öffnen sich entlang der Zweige im Frühsommer, einige auch noch im Herbst. Das größere Immergrün, ***V. major***, kann, auch in seinen buntlaubigen Formen, sehr besitzergreifend sein, das kleinere, ***V. minor*** (*Foto*), ist aber eine nützliche Pflanze für Schattenplätze, für fast alle Böden und verträgt auch recht trockene Bedingungen, wenn es sich eingewöhnt hat. Wächst auch in tiefem Schatten, blüht in lichtem Schatten aber am besten. Die gesamte Pflanze alle paar Jahre bis auf den Boden zurückschneiden, um jungen, frischen Wuchs anzuregen, am besten nach dem ersten Blumenflor im Frühling. Es gibt buntlaubige und weiß, rosa oder gefüllt blühende Sorten.

*VINCA MINOR*

## AUCH GUT

***Chaenomeles*** *(s. S. 40)*
***Choisya*** *(s. S. 75)*
***Corylopsis*** *(s. S. 56)*
***Cotoneaster*** *(s. S. 47 u. 60)*
***Daphne***, besonders immergrüne wie ***D. laureola*** *(s. S. 53)*
***Deutzia*** *(s. S. 40)*
***Elaeagnus × ebbingei***, ***E. pungens*** *(s. S. 47)*
***Enkianthus*** *(s. S. 56)*
***Erica*** *(s. S. 56)*
***Forsythia*** *(s. S. 41)*
***Fothergilla*** *(s. S. 48)*
***Garrya*** *(s. S. 48)*
***Hamamelis*** *(s. S. 53)*
***Hypericum*** *(s. S. 49)*
***Kalmia*** *(s. S. 57)*
***Kerria japonica*** *(s. S. 42)*
***Magnolia*** *(s. S. 61)*
***Mahonia*** *(s. S. 49)*
***Nandina domestica*** 🏆 *(s. S. 45)*
***Osmanthus delavayi*** 🏆, ***O. × burkwoodii***, ***O. heterophyllus*** *(s. S. 50)*
***Pieris*** *(s. S. 59)*
***Philadelphus*** *(s. S. 54)*
***Pyracantha*** *(s. S. 61)*
**Rhododendren** und Azaleen *(s. S. 58)*
***Ribes sanguineum***, ***R. odoratum*** *(s. S. 44)*
***Sarcococca*** *(s. S. 54)*
***Skimmia*** *(s. S. 51)*
***Vaccinium*** *(s. S. 59)*
***Viburnum × burkwoodii***, ***V. carlesii*** *(s. S. 55)*, ***V. davidii*** 🏆 *(s. S. 51)*
***Weigela*** *(s. S. 45)*

# STRÄUCHER FÜR EXPONIERTE LAGEN

## AMELANCHIER

(Felsenbirne)

***Amelanchier canadensis*** (*Foto*) ist ein 6–7 m großer, sommergrüner Strauch, manchmal auch ein kleiner Baum, mit ausgesprochen schönem jungem Laub, das sich, rosa getönt, im zeitigen Frühjahr entfaltet – zeitgleich mit den zarten weißen Blütentrauben. Die daraus folgenden roten und blauen Früchte sind essbar. Obwohl von Natur aus ein mehrstämmiger Strauch, wird er oft mit einem einzigen Stamm kultiviert. Im Herbst verfärbt sich das Laub in herrlichen roten und rosa Tönen. Felsenbirnen wachsen in fast allen nicht zu kalkhaltigen Böden. Sie passen gut in waldartige Anlagen, wachsen aber auch in exponierten Lagen und halten salzhaltigen Winden stand. Falls notwendig, im Spätwinter in Form schneiden.

*AMELANCHIER CANADENSIS*

## BERBERIS

(Berberitze)

***B. thunbergii*** 🏆 und die vielen Sorten der Berberitze sind problemlos in fast allen Böden anzupflanzen, auch in voller Sonne – bis auf **'Aurea'**, deren goldfarbenes Laub in heißer Sonne verbrennt. Die dichten, sehr dornigen, rundlichen Sträucher sind kleinblättrig. Im Frühsommer erscheinen in hellem Gelb die Blüten in kleinen, hängenden Trauben, denen im Herbst gelackte rote Beeren folgen. Die Sorte ***atropurpurea*** (*Foto*) hat dunkle kupferrote Blätter, die sich im Herbst weinrot verfärben. Manche Sorten sind auf eine kompakte, aufrechte Wuchsform hin gezüchtet worden, ideal für Hecken – für niedrige Beet-Einfassungen oder für bis 2,5 m hohe, undurchdringliche Abschirmungen und Windschutz für empfindliche Pflanzen.

*BERBERIS THUNBERGII* F. *ATROPURPUREA*

## BRACHYGLOTTIS

**'Sunshine'** 🏆 (*Foto*) ist ein sehr beliebter »immergrauer« Strauch, der mit seinen silbrigen Blättern ein dichtes Polster bildet, das bis zu 1 m hoch und mehr als 1 m breit wird. Kräftig gelbe Blüten entfalten sich aus silbrig weißen Knospenbüscheln. In voller Blüte ein spektakuläres Bild!
***B. monroi*** 🏆 hat kleinere Blätter mit gewelltem Rand, nicht so silbrig, aber mit ebenfalls beeindruckenden Blüten. Wie viele silberblättrige Pflanzen wächst auch dieser Strauch am besten in voller Sonne und gut durchlässigen Böden. In kalten Lagen nicht winterhart, verträgt aber feuchte Seeluft. Passt gut zu Olearien (*s. S. 68*) und *Hebe* (*rechte Seite*), die unter ähnlichen Bedingungen wachsen. Beim Schneiden nur die verwelkten Blütenstände entfernen.

*BRACHYGLOTTIS* 'SUNSHINE' 🏆

## COLUTEA

(Blasenstrauch)

***Colutea arborescens*** (*Foto*) ist schnell wachsend, wird bis 3 m hoch und breit, mit gefiederten Blättern an grauen Trieben und, den ganzen Sommer hindurch, mit Blüten in warmem Gelb. Aus ihnen bilden sich die blasig aufgetriebenen Früchte, daher sein Name. Ideal für arme Böden und sonnige Böschungen. Sogar in luftverschmutzten oder dem Wind ausgesetzten Lagen sehr robust und winterhart. Im Vorfrühling kräftig zurückschneiden, dabei alten und abgestorbenen Wuchs entfernen. Zu den Hybriden dieser Art und ***C. orientalis*** – mit kupferroten Blüten, sonst sehr ähnlich – gehört ***C. × media*** **'Copper Beauty'** mit ungewöhnlich kupfer-orangefarbenen Blüten. Der Blasenstrauch passt gut zu *Cytisus* und *Cistus* (*s. S. 70 u. 71*), *Genista* (*rechts*) und *Tamarix* (*nächste Seite*), die alle trockene Böden bevorzugen.

COLUTEA ARBORESCENS

## GENISTA

(Ginster)

*Genista* ist dem Geißklee (*Cytisus, s. S. 71*) in vieler Hinsicht sehr ähnlich. Beide werden im Volksmund Ginster genannt und lieben einen sonnigen, trockenen Standort. Vielen Ginsterarten, besonders den niedrig wachsenden, machen selbst salzhaltige Winde nichts aus. Sie wachsen in fast jedem Boden. Für einen kompakten Wuchs nach der Blüte zurückschneiden. ***G. pilosa*** **'Procumbens'** (*Foto*), ein buschig wachsender Bodendecker, bildet mit seinen graugrünen Zweigen einen im Frühsommer von kleinen goldgelben Blüten übersäten Pflanzteppich. Andere kriechende Formen sind ***G. tinctoria*** und die gefüllt blühende **'Flore pleno'** 🏆. ***G. lydia*** 🏆 wächst etwas höher. ***G. hispanica*** ist am robustesten, stachelig und buschig, dem Stechginster ähnelnd. Baumähnlicher und weniger winterhart ist ***G. aetnensis*** 🏆, der Ginster vom Berg Aetna.

GENISTA PILOSA 'PROCUMBENS'

## HEBE

(Strauchveronika)

Fast alle *Hebe*-Arten stammen aus Neuseeland und sind leider in kalten Lagen nur bedingt winterhart. Mögen volle Sonne und wachsen in allen normalen, durchlässigen Böden. Vertragen trockene Bedingungen, dennoch nicht austrocknen lassen. Rückschnitt nicht wirklich nötig, aber wenn, dann bis oberhalb eines Blatttriebes, nie bis ins Holz. ***H. pinguifolia*** **'Pagei'** 🏆, eine der winterhärtesten, ist ein exzellenter Bodendecker. ***H. albicans*** 🏆 (*s. S. 75*) und der violett getönte **'Red Edge'** werden etwas höher. Großblättrig und weniger winterhart, dafür spektakulärer: ***H.*** **'Midsummer Beauty'** 🏆, mit langen blauen Blütenähren; **'Great Orme'** 🏆 (*s. S. 24*) und **'Amy'**, auch **'Purple Queen'** genannt (*Foto*), bis 1,5 m hoch, die violett überhauchten Blätter harmonieren schön mit den rosavioletten Blütenrispen im Hochsommer.

HEBE 'AMY'

## HIPPOPHAE

(Sanddorn)

***Hippophae rhamnoides*** 🏆 (*Foto*) beeindruckt nicht durch seine Blütenpracht. Der sommergrüne, bis 4 m hohe, dornige Strauch hat aber schöne längliche, silbrig graue Blätter und eine geschuppte Rinde. Den kleinen gelbgrünen Blüten im Frühling folgen an den weiblichen Pflanzen von Herbst bis weit in den Winter hinein eine Fülle von glänzenden orangegelben Früchten, wegen des hohen Vitamin-C-Gehalts auch »Orangen des Nordens« genannt. Wertvollste Eigenschaften: Er ist völlig windunempfindlich und wächst in allen Böden, von sandig bis fast schon moorig.
Sanddorn ist zweihäusig, daher wenigstens einen männlichen Strauch zwischen zwei oder mehr weibliche setzen, damit die Sträucher Früchte ansetzen.
Ideal für eine schützende Hecke, neigt aber zum Wuchern.

HIPPOPHAE RHAMNOIDES 🏆

## LEPTOSPERMUM

(Südseemyrte)

***Leptospermum lanigerum*** 🏆 (*Foto*) ist ein schöner graublättriger, immergrüner Strauch.
Er stammt aus Australien, wo er bis 4 m hoch werden kann, und blüht im Frühsommer mit einer Fülle von kleinen weißen, im Zentrum dunkelrot markierten Blüten. Sie sind eingebettet im jungen, silbrig behaarten Laub der überhängenden Zweige, was der Pflanze eine luftige Grazie gibt. Südseemyrten bevorzugen saure bis neutrale, gut durchlässige Böden in voller Sonne, vertragen salzhaltige Winde und können in sehr warmem Klima auch im Freien wachsen.
Keine Art ist völlig winterhart, es lohnt sich aber ein Versuch mit der etwas robusteren *L. lanigerum*. Die grünblättrige ***L. scoparium*** wird, obwohl weniger winterhart, häufiger gepflanzt.
**'Red Damast'** 🏆 hat lang blühende, gefüllte dunkelrote Blüten.

LEPTOSPERMUM LANIGERUM 🏆

## OLEARIA

(Olearien)

sind mittelgroße Immergrüne, übersät von weißen, margeritenähnlichen Blüten im Frühsommer. Die kleinen, graufilzigen Blätter fühlen sich weich an und duften aromatisch. Olearien wachsen am besten in voller Sonne in allen gut durchlässigen, auch kalkhaltigen Böden. Die Pflanze stammt aus der australisch-asiatischen Region.
***O. × scilloniensis*** 🏆 (*Foto*) hat sich auf den Scilly-Inseln eingebürgert, wo sie starken salzhaltigen Winden ausgesetzt ist. In kühleren Gegenden jedoch nicht winterhart.
Die unempfindlichste Art ist ***O. × haastii***, wächst zu dichten, im Spätsommer mit weißen Blütensternen übersäten Polstern heran. Da sie sich (im Vorfrühling) gut beschneiden lassen, ideal für Hecken (Windschutz!).
In Küstengärten: die größere stechpalmenblättrige ***O. macrodonta*** 🏆.

OLEARIA × SCILLONIENSIS 🏆

## SPARTIUM

(Binsenginster)

Nah verwandt dem Geißklee (*Cytisus*) wie dem Ginster (*Genista*) (s. *S. 71 u. 67*). ***Spartium junceum*** ♀ (*Foto*) ist im Mittelmeerraum beheimatet, ein starkwüchsiger, oft auch staksiger, bis 3 m hoher Strauch mit aufrechten, schlanken Zweigen und so winzigen Blättern, daß er fast blattlos erscheint. Die Blüten sind groß und leuchtend gelb, in endständigen Trauben vom Spätsommer bis in den Herbst hinein blühend, mit süßem Wohlgeruch. Binsenginster kann leicht kultiviert werden und wächst problemlos in allen gut durchlässigen, selbst mageren Böden in voller Sonne. In kalten Lagen nicht wirklich winterhart, sollte er dort im Schutz einer Mauer stehen. In milderem maritimem Klima wächst er kompakt, und die Seewinde halten ihn niedrig und buschig.

*SPARTIUM JUNCEUM* ♀

## TAMARIX

(Tamariske)

Sie sind einigermaßen winterhart und wachsen gut in allen Böden, außer flachgründigen Kalkböden. Sie sind ideale Pflanzen für windige Gegenden, vor allem in Küstennähe. ***T. ramosissima*** (*Foto u. S. 25*) ist ein aufregender Strauch im Spätsommer wegen seiner fedrigen, blassgraugrünen Blätter und den großen, flauschigen, roséfarbenen Blütenwolken, die für viele Wochen knospen und blühen. Gut geeignet als Zwischen- oder Hinterpflanzung für hohe Stauden. Ohne Schnitt entwickelt die Tamariske zunehmend ein baumartiges, oft zu einer Seite geneigtes Aussehen. Ein kräftiger Rückschnitt im Vorfrühling fördert die Bildung größerer Blüten und eine längere Blütenpracht. ***T. tetrandra*** ♀ und ***T. parviflora*** blühen beide im Frühsommer; nur leicht im Sommer gleich nach der Blüte schneiden und noch ein Mal im Winter.

*TAMARIX RAMOSISSIMA*

## AUCH SCHÖN

FÜR KALTE, WINDIGE GÄRTEN

***Calluna*** *(s. S. 56)*
***Chaenomeles*** *(s. S. 40)*
***Erica*** *(s. S. 56)*
***Hydrangea paniculata*** *(s. S. 42)*
***Kalmia*** *(s. S. 57)*
***Kerria japonica*** *(s. S. 42)*
***Rhododendron*** Winterharte Hybriden und Hybriden von ***R. yakushimanum*** *(s. S. 58)*
***Spiraea × vanhouttei*** *(s. S. 44)*
***Syringa vulgaris*** *(s. S. 55)*
***Vaccinium*** some *(s. S. 59)*
***Viburnum opulus, V. dentatum*** *(s. S. 45)*

FÜR KÜSTENNAHE GÄRTEN

***Buddleja davidii, B. globosa*** ♀ *(s. S. 40 u. 55)*
***Berberis darwinii*** ♀ *(s. S. 46)*
***Calluna*** *(s. S. 56)*
***Cistus ladanifer*** ♀ *(s. S. 70)*
***Cotoneaster***, alle kleinblättrigen Sorten *(s. S. 47, 60 u. 61)*
***Elaeagnus*** *(s. S. 47 u. 74)*
***Escallonia*** *(s. S. 48)*
***Fuchsia magellanica*** *(s. S. 41)*
***Hydrangea macrophylla*** *(s. S. 42)*
***Lavandula*** *(s. S. 53)*
***Phlomis*** *(s. S. 72)*
***Prunus × cistena*** ♀, ***P. maritima*** *(s. S. 43)*, auch ***P. spinosa***
***Rosmarinus*** *(s. S. 72)*
***Santolina*** *(s. S. 73)*
***Viburnum opulus*** *(s. S. 45)*
***Yucca*** *(s. S. 73)*

# Sträucher für trockene Plätze

## Caryopteris

(Bartblume)

***Caryopteris* × *clandonensis*** (*Foto*) ist ein kleiner, bis 1,5 m hoher sommergrüner Strauch. Diese Bartblume hat duftende, graugrüne Blätter und im Spätsommer gestielte Bündel von blauen Blüten an den Stängelspitzen und in den Blattachseln. Schön zusammen mit spät blühenden Stauden und anderen kleinen, graublättrigen Sträuchern wie Lavendel und Silberbusch (Perowskie). Wächst am besten in voller Sonne in jedem gut durchlässigen Boden. Angewachsen ist die Bartblume einigermaßen winterhart und kommt gut mit trockenen Bedingungen zurecht. Wie alle Spätblüher verträgt sie einen starken Rückschnitt bis oberhalb der neu aufbrechenden Triebe. **'Heavenly Blue'** 🏆, **'Kew Blue'** und **'Ferndown'** (*s. S. 12*) blühen unterschiedlich blau.

*Caryopteris × clandonensis*

## Ceratostigma

(Hornbleiwurz)

Das Blau seiner Blüten ist von einer Tiefe, dass andere Blaublüher daneben verblassen. Hornbleiwurz deshalb zwischen rosa und purpurrot blühende Pflanzen setzen. ***C. willmottianum*** 🏆 (*Foto*), sommergrün und bis 1 m hoch, blüht von Spätsommer bis Herbst. Das Laub färbt sich intensiv rötlich, späte Blüten kommen dadurch noch besser zur Geltung. Ziemlich robust, auch in Trockenzeiten, wächst der Strauch am besten in voller Sonne in durchlässigem Boden. Er kann in harten Wintern herunterfrieren, Triebe dann im Vorfrühling bis auf den neuen Wuchs zurückschneiden, das fördert auch eine reichere Blüte. ***C. griffithii***, immergrün, ist buschiger, mit borstigen Trieben, unauffälliger und nicht so winterhart.

*Ceratostigma willmottianum* 🏆

## Cistus

(Zistrosen)

Sie sind kleine, immergrüne Pflanzen, bis zu 1,5 m hoch, haben graugrüne Blätter und große, an Papierblumen erinnernde »knittrige« Blüten. Viele davon sind wie bei ***C. purpureus*** 🏆 (*Foto*) an der Basis gefleckt. ***C. laurifolius*** 🏆 hat größere, duftende Blätter und weiße Blüten. Zistrosen kommen meist aus dem Mittelmeergebiet. Sie brauchen volle Sonne, leichte sandige, auch kalkhaltige Böden und, da nur relativ winterfest, unbedingt einen guten Winterschutz. Noch am widerstandsfähigsten ist wohl die weiß blühende **C. × *corbariensis*** 🏆. Einen Rückschnitt vertragen sie nicht gut. Im Vorfrühling können sie jedoch bis zum neuen Wuchs leicht gestutzt werden, um ihre schöne buschige Form zu behalten.

*Cistus × purpureus* 🏆

## CYTISUS

(Geißklee)

Dicht und buschig, mit binsenartigen Zweigen, hat ***Cytisus* × *praecox*** (die Sorte ›**Allgold**‹ *s. Foto*) die besten Eigenschaften beider Eltern: kompakter Wuchs – Geißklee neigt sonst zum Verkahlen – und eine Überfülle duftender, sattgelber Blüten im Frühsommer. Wächst am besten auf einer trockenen, sonnigen Böschung in durchlässigen, nährstoffarmen Böden. Geeignet auch für windige Standorte, braucht dann aber, bis er eingewachsen ist, eine Stütze. Geißklee wird oft nicht mal zehn Jahre alt, wächst aber schnell auf 2–2,5 m Höhe und lässt sich deshalb problemlos ersetzen. Nach der Blüte rundum für einen kompakteren Wuchs zurückschneiden. Hybriden des Besenginsters, *C. scoparius*, blühen oft mehrfarbig: **C. 'Goldfinch'** rot und gelb, **'Windlesham Ruby'** (*s. S. 10*), etwas später blühend, rubinrot und gelb.

*CYTISUS × PRAECOX* 'ALLGOLD' ♀

## HELIANTHEMUM

(Sonnenröschen)

Die immergrünen Polster des Sonnenröschens werden nur wenige Zentimeter hoch, wachsen aber 1 m und mehr in die Breite.

Der hübsche kleinblättrige Strauch ist im Frühsommer übersät von kleinen, tellerförmigen Blüten in fast allen Farben mit gelben Staubgefäßen. Auch »Felsenröschen« genannt und eng verwandt mit der Zistrose (*s. linke Seite*), brauchen Sonnenröschen dieselben Bedingungen: volle Sonne, durchlässigen, auch kalkhaltigen Boden. Wenn überhaupt, dann leicht nach der Blüte beschneiden. **'Wisley Pink'** ♀ (Foto) und **'Wisley Primrose'** ♀, mit hübschen blassgelben Blüten, sind besonders schön wegen ihres grauen Laubes. Andere Hybriden mit grünen Blättern und Blüten in leuchtenden Farben: **'Ben Hope'**, karminrot und dunkelorange, **'Amy Baring'**, in sattem Butterblumen-Gelb, **'Mrs. C.W. Earle'** ♀, hellrot.

*HELIANTHEMUM* 'WISLEY PINK' ♀

## LAVATERA

(Buschmalve)

sind 1,5–2 m hohe, aufrechte Malvengewächse mit starren Zweigen und salbeigrünen Blättern. Sie blühen von Hochsommer bis Herbst, gewöhnlich in Rosa oder Purpurrot. Auch wenn nur kurzlebig und nicht völlig winterhart, wachsen sie schnell in allen durchlässigen bis trockenen, sogar nährstoffarmen Böden. An exponierten Plätzen brauchen sie jedoch eine Stütze. In kalten Wintern können sie herunterfrieren, dann im Vorfrühling bis auf neu austreibenden Wuchs zurückschneiden. Starker Rückschnitt fördert zudem schlanke, kräftige Zweige. **'Barnsley'** ♀ (*Foto*), blassrosa Kelchblüten mit dunklerem Zentrum, ist eine Abart von ***L. olbia***, die günstigeres Klima braucht, genau wie die dunkelrosa blühende **'Rosea'**. In einem noch dunkleren Purpurrosa blüht **'Burgundy Wine'** ♀, eine Neuzüchtung.

*LAVATERA* 'BARNSLEY' ♀

## PEROVSKIA

(Blauraute)

*Perovskia atriplicifolia*

ist ein aufrechter Strauch mit weißlichen Zweigen. Er wird 1–1,5 m hoch und trägt den ganzen Spätsommer violettblaue Blütenähren. Die tief eingekerbten Blätter duften stark aromatisch. In wärmeren Gegenden bildet er ein Astgerüst aus, unter kalten Bedingungen frieren die Triebspitzen, obwohl ziemlich winterhart, meist zurück. Alle Zweige dann im Frühling bis eine Handbreit über dem Boden, oberhalb der neuen Triebe, abschneiden. Wächst gut in voller Sonne in durchlässigen Böden. Verträgt Trockenzeiten und salzhaltige Winde. Mit seinen grauen und blauen Farben passt er perfekt zu anderen graublättrigen Pflanzen, Spätsommerstauden und Ziergräsern. Schöne Hybriden: **'Blue Spire'** 🏆 (*Foto*), ähnlich **'Superba'** sowie **'Filigran'** mit besonders feingekerbten Blättern.

*PEROVSKIA ›BLUE SPIRE‹* 🏆

## PHLOMIS

(Strauchbrandkraut)

***Phlomis fruticosa*** 🏆, ist ein kleiner rundlicher, immergrüner

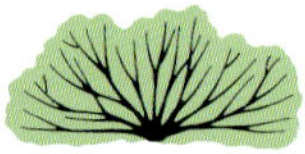

Strauch mit filzigen graugrünen Blättern und etagenförmig angeordneten gelben Blütenbüscheln und später attraktiven Samenständen. Bedingt winterhart, passt gut zu in Wuchs und Farbe ähnlichen Sträuchern, wie Heiligenkraut (*s. nächste Seite*). Wächst bis 1,25 m hoch in durchlässigen Böden in voller Sonne, verträgt auch sehr trockenes und Küstenklima. Das Gelb der Blüten sagt nicht jedem zu – ein starker Rückschnitt im Vorfrühling fördert üppiges Blätterwachstum mit nur wenigen Blüten. Für eine ansprechende Form jährlich etwas zurückschneiden. ***P.* 'Edward Bowles'** hat attraktivere, blassgelbe Blüten. Andere Arten, wie ***P. chrysophylla*** 🏆, ähneln dem Strauchbrandkraut, haben aber gelbfarbene Blätter.

*PHLOMIS FRUTICOSA* 🏆

## ROSMARINUS

(Rosmarin)

***R. officinalis*** (*Foto*), ist ein aufrechter, immergrüner Strauch, der sich allmählich immer

stärker ausbreitet. Seine schmalen, graugrünen Blätter duften stark aromatisch. Ein beliebtes Würzkraut, dessen Zweige im Frühling mit kleinen, blassvioletten Blüten besetzt sind. In Südeuropa beheimatet, wächst es am besten in durchlässigen Böden in voller Sonne. In kalten Gegenden in ein Pflanzgefäß setzen und im Haus überwintern (*s. S. 76*). In wärmeren Gefilden als lockere Hecke kultivieren, nach der Blüte leicht in Form schneiden. Wird bei optimalen Bedingungen bis zu 2 m hoch, doch selbst **'Miss Jessop's Upright'** 🏆 (*s. S. 24*), für eine Hecke sehr geeignet, neigt ohne Rückschnitt zum Wuchern. Andere ausladende Sorten sind gut für Trockenmauern. **'Severn Sea'** 🏆, niedrig wachsend, ist empfindlicher, blüht dafür leuchtend blau.

*ROSMARINUS OFFICINALIS*

## SANTOLINA

(Heiligen-/Zypressenkraut)

***Santolina pinnata*** (*Foto*), blühfreudig, wird ca. 75 cm hoch.

Der immergrüne Strauch mit duftenden, gefiederten frischgrünen Blättern trägt im Sommer viele kleine, langgestielte fahlgelbe Blütenköpfchen. Sie sind rahmweiß bei **'Edward Bowles'** und hellgelb bei **'Sulphurea'**. Wächst am besten in voller Sonne in gut durchlässigen, aber nicht zu reichen Böden, neigt sonst zum Verkahlen. Heiligenkraut ist eine beliebte Pflanze für Beeteinfassungen und im Kräutergarten. Leider kann der Strauch durch die Blüte seine rundliche Form verlieren und Wasserschosse ausbilden. Deshalb verwelkte Blütenstände sofort entfernen oder die robustere Art *S. chamaecyparissus* 🏆 als Laubstrauch kultivieren: Im Frühling stark zurückschneiden, damit die kompakte Form erhalten bleibt.

SANTOLINA PINNATA ›SULPHUREA‹

## YUCCA

(Palmlilie)

Palmlilien sind aufregende Immergrüne mit schwertförmigen Blättern, die steif-aufrecht um einen Stamm herum stehen oder, wie bei ***Y. recurvifolia*** 🏆 (s. S. 18), überhängen. Sie sind wunderschöne strukturierende Solitäre, ein Blickfang in einer Rabatte und schaffen ein subtropisches Flair.

***Y. filamentosa*** 🏆 (*Foto*) hat graugrüne Blätter, am Rand fein bereift. Nach etwa vier Jahren wächst aus ihrer Mitte ein prachtvoller, über 2 m hoher Blütenstand mit duftenden cremeweißen, glockigen Blüten. Steht am besten in gut durchlässigen Böden an den sonnigsten Stellen. Kann, eingewachsen, Trockenheit gut vertragen. Beheimatet im Südosten der USA, ist sie, außer in sehr kalten Gegenden, winterhart, mag aber keine winterliche Nässe. Ebenfalls recht winterhart: ***Y. flaccida***, mit an der Spitze umgebogenen Blättern; unermüdlich blüht **'Ivory'** 🏆.

YUCCA FILAMENTOSA 🏆

## AUCH SCHÖN

***Azara*** *(s. S. 62)*
***Amelanchier canadensis*** *(s. S. 66)*
***Berberis*** *(s. S. 46 u. 66)*
***Callistemon*** *(s. S. 62)*
***Calluna*** *(s. S. 56)*
***Colutea*** *(s. S. 67)*
***Coronilla*** *(s. S. 63)*
***Cotoneaster*** *(s. S. 56 u. 60)*
***Erica*** *(s. S. 56)*
***Escallonia*** *(s. S. 48)*
***Fremontodendron*** *(s. S. 63)*
***Genista*** *(s. S. 67)*
***Hippophae*** *(s. S. 68)*
***Indigofera*** *(s. S. 42)*
***Kerria*** *(s. S. 42)*
***Pieris*** *(s. S. 59)*

***Convolvulus cneorum*** 🏆

(Silberwinde)

Die kleine, bis 60 cm hohe, nur bedingt winterharte Silberwinde hat schmale, mit silbrig-seidigen Haaren besetzte Blätter. Von Frühsommer bis Herbst öffnen sich nacheinander aus rosa Knospen trompetenförmige weiße Blüten mit gelbem Zentrum. Auf durchlässigen Böden gut geeignet für Rabatteneinfassungen zwischen anderen Mittelmeer-Sträuchern wie Lavendel und Rosmarin. Gute Kübelpflanze, im Freien benötigt sie meistens Winterschutz. Um ihre hübsche, von Natur aus ebenso hohe wie breite Form zu erhalten, ist ein Rückschnitt nicht nötig.

# Sträucher in Kübeln

### *Abutilon* 'Kentish Belle' 🏆 (Schönmalve)

Schönmalven sind gute Topfpflanzen in dauergedüngter Einheitserde an hellem, sonnigem Platz, im Sommer draußen. Überwintern im kühlen Gewächshaus oder im Wintergarten.

### *Berberis* × *stenophylla* 'Corallina Compacta' 🏆

Eine immergrüne Zwergberberitze, rundlich, stachelig und mit Trauben von kleinen gelben Blüten im Frühling. Im Winter vor kalten Winden schützen. Verträgt keine Staunässe.

### *Calluna vulgaris* 'Silver Queen' 🏆

Ein bezauberndes Heidekraut, auch für das Blumenfenster, mit silbergrauem Laub das ganze Jahr über und rosa Blüten im Spätsommer. Eine ideale Kübelpflanze in kalkfreier Erde.

### *Cytisus* × *beanii* 🏆

Eine breitwüchsige Zwergform des sommergrünen Geißklees, schön für niedrige Pflanzgefäße, mit gelben Blüten im Vorfrühling. Pflanzerde mit Kies mischen und den dürreverträglichen Strauch in volle Sonne stellen.

### *Elaeagnus angustifolia*

Eine hübsche Ölweide, mittelgroß und sommergrün, mit silbriggrünen Blättern und kleinen, süß duftenden grünlichgelben Blüten im Frühling. Für volle Sonne oder Halbschatten.

### *Erica* × *darleyensis* 'Jenny Porter' 🏆

Immergrüne, winterblühende Heidekrautgewächse sind das ganze Jahr über dekorativ. Sie brauchen kalkfreie Pflanzerde und passen gut zu größeren Moorbeetpflanzen wie Lavendelheide oder Azaleen.

### *CAMELLIA SASANQUA* 'NARUMIGATA' 🏆

Eine sehr elegante, ausladende Kamelie, mittelgroß und immergrün, mit glänzenden Blättern und rosa überhauchten weißen Einzelblüten im Spätwinter und Vorfrühling. Braucht saure Erde und teilschattigen Platz. Immer feucht halten und vor kalten Winden schützen.

### *CHOISYA TERNATA* 🏆

Ein hübscher Strauch für den Stadtgarten, rundlichkompakt, hat glänzende, dreizählige Blätter (*s. S. 47*) und kleine weiße Blüten im Frühling. Orangenblume im Kalthaus überwintern. In einem ausreichend großen Pflanzkübel sonnig oder schattig stellen. Gut düngen für gesundes Blattwerk.

### *CISTUS × DANSEREAUI* 'DECUMBENS' 🏆

Die trockenheitstolerante Zistrose ist eine hervorragende Kübelpflanze. Etwas sandiger Kies in der Pflanzerde macht sie durchlässig. Braucht Schutz vor Frost und kaltem Wind. Nicht schneiden – wenn sie unten verkahlt, lieber an einen warmen Platz im Garten pflanzen.

### *FUCHSIA* 'RICCARTONII' 🏆

Freilandfuchsien können, anders als die prächtigeren, aber frostempfindlichen Arten, in warmen Gegenden das ganze Jahr im Kübel draußen stehen, am besten in voller Sonne. Im Frühling auf 10 cm zurückschneiden.

### *HEBE ALBICANS* 🏆

Eine immergrüne, graublättrige Strauchveronika mit weißen Blüten im Sommer, deren Kugelform in ein formales Beet passt. Für gut durchlässige Pflanzerde, vollsonnigen Standort und Schutz vor Frost sorgen.

### *HIBISCUS ROSA-SINENSIS*

Die Überwinterung im Kübel im Gewächshaus oder Wintergarten ermöglicht auch in kaltem Klima das Kultivieren der empfindlicheren Hibiscus-Arten. Der Chinesische Roseneibisch blüht den ganzen Sommer.

### *Hydrangea macrophylla* 'Lanarth White' ♀

Im Spätsommer blühende »Mophead«-Hortensien sind ideale Kübelpflanzen für sonnige und schattige Plätze. Blaue Blüten behalten ihre Farbe in Rhododendronerde. Für kompakten Wuchs Zweige zurückschneiden.

### *Lavandula stoechas* ♀

Lavendel ist eine gute, wenn auch manchmal kurzlebige Kübelpflanze. Sie steht am besten in voller Sonne in sandigem Lehmboden. Nicht austrocknen lassen. Französischen Lavendel in kalten Gegenden im Wintergarten überwintern.

### *Pieris japonica* 'Purity' ♀

Eine ideale, weil kleine Lavendelheide für Kübel, immergrün, übersät von weißen Blütenrispen im Vorfrühling. ›Little Heath‹, noch kleiner, ist gut fürs Blumenfenster. Wächst nur in kalkfreier Erde. Immer feucht halten.

### *Rosmarinus officinalis* Prostratus-Gruppe ♀

Ein kriechender Rosmarin, nur 15 cm hoch. Braucht Winterschutz in kalten Gegenden. Wächst dann, auch als Würzpflanze, gut auf einer kalten Fensterbank, am besten in mit Sand vermischter Pflanzerde an einem hellen Ort.

### *Senecio cineraria* 'Silver Dust' ♀

Dieses Kreuzkraut wird aufgrund seines schönen silbrigen Laubs geschätzt, die graugelben Blüten werden oft entfernt. Kalte Winter übersteht es nicht, wird deshalb oft, weil schnell wachsend und preiswert, jeden Frühling ersetzt.

### *Skimmia japonica* subsp. *reevesiana*

Anders als andere Skimmien, trägt diese Japanische Stechpalme Blüten und Beeren an einem Strauch. Winterhart, wächst sie am besten im Schatten zu einem rundlichen Busch. In kalkfreier Erde wird ihr Laub besonders attraktiv.

### *POTENTILLA FRUTICOSA* 'PRIMROSE BEAUTY' ♡

Alle Sorten dieser Hauptart des Fingerstrauchs sind sehr winterharte, leicht zu ziehende, sommergrüne Kübelpflanzen. Sie blühen den ganzen Sommer hindurch, mögen sowohl die direkte Sonne als auch Halbschatten, und vertragen einen Formschnitt.

### *RHODODENDRON* 'VUYK'S ROSYRED' ♡

Zwerg-Rhododendren und Azaleen haben Faserwurzeln. Sie sind deshalb perfekte Kübelpflanzen – in saurer Erde, in der Sonne oder im Schatten. Regelmäßig düngen und wässern. Verwelkte Blütenstände entfernen.

### *SYRINGA MEYERI* 'PALIBIN' ♡

Dieser kleine Flieder wird nicht höher als 1,2–1,5 m – ideal für einen Pflanzkübel. Er hat kleine Blätter und trägt im Sommer Rispen von rosa-lilafarbenen Blüten. Verwelkte Blütenstände entfernen, dann blüht er auch im Spätsommer.

### *VIBURNUM OPULUS* 'COMPACTUM' ♡

Bei diesem kleinwüchsigen, sommergrünen Schneeball folgen den weißen Blütendolden rote Beeren – den Vögeln zur Freude. Im Herbst trägt er attraktiv gefärbtes Laub. Ein anspruchsloser, winterharter Strauch.

## AUCH GUT

***Convolvulus cneorum*** ♡ (*s. S. 73*)
***Hypericum*** (*s. S. 49*)
***Lavatera*** (*s. S. 71*)
***Nandina domestica*** ♡ (*s. S. 45*)
***Prunus triloba, P. tenella* 'Fire Hill'** ♡ (*s. S. 43*)
***Spiraea japonica*** (*s. S. 44*)

Weitere Kamelien für Kübel:
*C. japonica* (*s. S. 46*):
**'Akashigata'** ♡ Tiefrosa
**'Debutante'** Hellrosa
**'Guilio Nuccio'** ♡ Korallenrot
**'Lady Vansittart'** Weiß mit rosa Streifen
**'Masayoshi'** ♡ Rote Blütenblätter mit weißer Marmorierung
**'Nobilissima'** Weiß
*C. × williamsii* (*s. S. 64*):
**'Donation'** ♡ Ungemein lang blühend, rosa
**'Francis Hanger'** Weiß
**'Golden Spangles'** Rosa, gelb gezeichnete Blätter

Weitere schöne Rhododendren und Azaleen für Kübel:

- *R. yakushimanum* Hybriden, z.B. ›Doc‹ ♡
- Kleinwüchsige Immergrüne:

**'Carmen'** ♡ Rot
**'Cilipinense'** ♡ Weiß, dunkelrosa knospend
**'Dormouse'** Rosa
**Moonstone-Gruppe** ♡ Cremefarben
**'Temple Belle'** ♡ Rosa
**'Yellow Hammer'** ♡ Gelb

- Immergrüne Azaleen:

**'Addy Wery'** ♡ Dunkelrot
**'Apple Blossom'** Rosa
**'Blaauw's Pink'** ♡ Rosa
**'Blue Danube'** ♡ Violett
**'Hinode-giri'** ♡ Rot
**'Hinomayo'** ♡ Sehr rot
**'Hatsugiri'** ♡ Karminrot
**'Mother's Day'** ♡ Rosarot
**'Palestrina'** ♡ Weiß mit zartrosa Kelch
**'Rosebud'** ♡ Gefüllt, rosa
**'Salmon Beauty'** Korallenrot

# Register

*Kursiv* gesetzte Seitenzahlen verweisen auf zusätzliche Abbildungen.

# DANK

**Bildrecherche** Louise Thomas
**Illustrationen** Karen Cochrane
**Register** Hilary Bird

**Dorling Kindersley dankt:**
dem gesamten Team der RHS, insbesondere Susanne Mitchell, Karen Wilson und Barbara Haynes am Vincent Square; Candida Frith-Macdonald für die Verlagsassistenz.

**Fotos**
Der Verlag dankt folgenden Personen für die freundliche Erlaubnis zum Abdruck ihrer Fotos:
(Abkürzungen: o=oben; u=unten; m=Mitte; l=links; r=rechts;)

**Garden Picture Library:** Didier Willery 66ul; Howard Rice Vorderseite ur, Rückseite ol, 6, 8or, 8u, 10ul, 11ur, 19ur, 38m; John Glover 17ml, 20ur; J.S. Sira 9ur, 77or; Lynne Brotchie 13or; Mayer/Le Scanff 9ol; Neil Holmes 39ul, 70ul, 72ul; Ron Evans 21ol
**Garden Matters:** 10ur, 16ur, 25ol, 76om; J. Feltwell 57ur; John & Irene Palmer 17o, 49ur; Martin P. Land 66um; Steffie Shields 10um
**John Glover:** 12or, 18ur, 22ur
**Jerry Harpur:** 2m
**Andrew Lawson:** 12ul, 14ul
**S & O Mathews Photography:** 19o
**Howard Rice:** 14ur, 26m
**Harry Smith Collection:** Vorderseite mlo, 47um
**Elizabeth Whiting & Associates:** Rückseite om
**Jo Whitworth:** 11ol, 15ol, 15ur, 23ol, 23ur, 24ul, 59ul

**The Royal Horticultural Society**
Wenn Sie mehr über die Arbeit dieser Gesellschaft wissen möchten, besuchen Sie die RHS im Internet unter www.rhs.org.uk. Sie finden hier Informationen über nationale Veranstaltungen, eine Pflanzen-Datenbank, internationale Pflanzenregister, Ergebnisse von Pflanzenversuchen und Einzelheiten über die Mitgliedschaft.